한경 MOOK

광장 변호사들이 사고 사례로 분석한
실전 중대재해처벌법

KEY ISSUE

PROLOGUE

중대재해처벌법 시행 1년

2022년 1월 27일 중대재해처벌법이 시행됐지만, 산업현장의 중대산업재해는 줄지 않았습니다. 2022년 9월 말 기준으로 사고 사망자 수는 632명으로 전년 동기 대비 46명 감소했고, 질병 사망자 수는 1038명으로 81명 증가했습니다. 사고 재해율은 0.39%로 전년 동기와 같았습니다(고용노동부 산업재해 발생 현황).

중소기업중앙회와 한국경영자총협회가 2022년 12월 22일 발표한 5인 이상 기업 1035개사를 대상으로 실시한 '중대재해처벌법 시행에 대한 기업 인식도 조사' 결과에 따르면 중소기업의 65.6%는 중대재해처벌법 의무사항을 '여전히 잘 모른다'고 했고, 77%는 중대재해처벌법에 대한 '대응능력이 부족하다'고 답했습니다. 대응능력이 부족한 이유로는 47.6%가 전문 인력 부족을 꼽았고, 법률 자체의 불명확성(25.2%), 과도한 비용 부담(24.9%) 등이 뒤를 이었습니다. 2024년 1월 26일부터 50인 미만 소규모 사업장에 중대재해처벌법이 적용됨에도 여전히 준비가 안 되고 있는 상황입니다.

고용노동부는 2022년 11월 30일 중대재해 감축 로드맵을 발표했습니다. 이에 따르면 매년 800명 이상이 사고로 사망했고, 사고사망만인율(‰, 사고사망자 수/산재보험 적용 근로자 수)×10000)은 8년째 선진국의 2배 수준인 0.4~0.5‰에서 정체되고 있습니다. 50인 미만 사업장에서 사고사망 비중이 80% 이상이며, 추락·끼임·부딪힘 등 기본 안전 수칙 미준수로 인한 사고가 절반 이상을 차지하고 있습니다. 사고가 난 사업장에서 사고가 재발하고, 고령자와 외국인 근로자 중대재해도 증가하는 추세로 파악됩니다.

고용노동부는 법령에 의한 규제·처벌 위주 행정으로 인해 기업이 타율적 규제에 길들어 자체적으로 위험 요인을 개선하는 시스템과 역량이 빈약하다고 분석했습니다. 대기업은 자체적으로 예방 시스템을 구축해가고 있으나, 내실 있는 이행에 이르지 못했다고 진단했습니다. 중소기업은 예방 역량 자체가 부족하다고 판단했습니다. 중대재해처벌법 시행 이후 기업은 안전보건 역량 강화에 투자를 늘리기보다 대형 로펌 자문 등을 통한 처벌 회피에 집중하는 경향을 보이는 등 기업 스스로 위험 요인을 발굴·제거하는 예방 체계가 미비하다고 봤습니다. 또한 산업안전보건법령이 1220개 조항(산업안전보건법 제175조, 시행령 제123조, 시행규칙 제243

한경MOOK

한경MOOK는 빠르게 변화하는 사회 흐름에 발맞춰 시시각각 현상을 분석하고 새로운 대안과 인사이트를 제시하기 위한 무크 형태 단행본을 발행하는 한국경제신문사의 새 브랜드입니다.

*by*_ 법무법인 광장 산업안전·중대재해팀

조, 안전보건기준에 관한 규칙 제679조)으로 방대하고 세세하게 규정돼 현장 수용성이 낮고, 자발적인 예방 역량 형성 동기를 저해한다고 평가했습니다. 2013년 도입한 위험성평가도 제대로 작동하지 않는다고 지적했습니다.

중대재해 감축 추진 방향을 책임성, 현장성, 혁신성이라는 기본 원칙하에 처벌·감독을 통한 타율적 규제만으로는 한계가 있다고 본 것입니다. 이에 따라 안전주체들의 책임에 기반한 '자기 규율'과 '예방 역량' 향상을 지원해야 한다고 판단했습니다. 안전보건 정책은 결국 현장의 실질적 변화를 견인해야 하므로 현장 근로자에게 정책이 단절 없이 전달되도록 설계하겠다고 했습니다. 안전보건 법·제도 및 정책, 중대재해 예방 기법과 방식, 안전 의식과 문화 전반에 걸쳐 기존의 관점을 뛰어넘는 혁신적 방안을 모색하겠다고 밝혔습니다. 구체적으로 선진국 사례를 벤치마킹해 2026년까지 사고사망만인율 0.29‰로 감축한다는 목표도 세웠습니다.

1년 동안 현장에서 중대재해처벌법 자문과 변론을 수행하면서 접하는 건의 사항도 있었습니다. 안전보건관리에 대한 구체적 기준을 법규에서 제시하고, 영세한 업체에 대해서는 정부가 전문 인력과 비용을 지원하는 등 처벌이 아닌 지원 위주로 중대재해처벌법의 내용을 바꿔야 한다는 것입니다. 제시된 구체적 안전기준을 준수하는 기업과 경영책임자는 처벌을 감면해달라는 요구도 많았습니다.

아무리 규정이 많고 설비가 훌륭해도 현장에서 일하는 사람들이 실제로 활용하기 힘들다면 아무런 소용이 없습니다. 중대재해처벌법이 좋은 의도로 만들어졌고, 사회 안전에 대한 의식을 제고하는 계기가 된 건 맞습니다. 하지만 너무 급하게 만들면서 가중처벌 위주의 손쉬운 수단만 채택하고 수범자가 지켜야 할 구체적인 기준을 제시하지 못하고 있는 것 또한 사실입니다. 따라서 정부와 정치인은 현장의 목소리를 듣고, 근로자와 시민의 안전을 도모할 수 있도록 제도를 정비해야 합니다. 이태원 참사는 현장의 목소리를 위정자들이 듣고 대비했다면 충분히 예방 가능한 사고였습니다. 희생자들의 명복을 다시 한번 빕니다. 그들의 희생이 헛되지 않도록 안전한 사회를 만들기 위해 노력해야 할 것입니다.

CONTENTS

14
: Section 1

016　ISSUE ①
　　　개정안 논의 나선 중대재해처벌법

018　ISSUE ②
　　　중대재해 발생 시
　　　수사는 어떻게 이루어지나

020　ISSUE ③
　　　수사기관별 서로 다른 법 해석 논란

022　ISSUE ④
　　　중대재해처벌법 위헌 논란

024　ISSUE ⑤
　　　중대재해 발생 시 따르는
　　　각종 제재와 대응 방안

026　ISSUE ⑥
　　　중대재해처벌법 위반죄 기소 사례

26

004　PROLOGUE
　　　중대재해처벌법 시행 1년

: Opening

008　인포그래픽
　　　숫자로 보는 산업재해

010　COLUMN ①
　　　'안전한 일터'를 위해
　　　고민해야 할 점

012　COLUMN ②
　　　중대재해처벌법에 대한
　　　새 정부의 기조

10

30
: Section 2

032　CASE ①
　　　기계식주차장 사고

034　CASE ②
　　　철강 업체 사고

036　CASE ③
　　　화학공장 사고

038　CASE ④
　　　유해화학물질 노출 사고

040　CASE ⑤
　　　건설공사 현장 사고

042　CASE ⑥
　　　운송 중 사고

044　CASE ⑦
　　　자동화 공정 사고

046	CASE ⑧ 자연재해 복구 현장 사고		
048	CASE ⑨ 항공기·선박·열차 사고		
050	CASE ⑩ 사업장 내 차량 사고 현황		
052	CASE ⑪ 밀폐공간 내 질식 사망사고		
054	CASE ⑫ 조선소 사고		
056	CASE ⑬ 감전 사고		
058	CASE ⑭ 붕괴 사고		
060	CASE ⑮ 골프장 해저드 사망사고		
062	CASE ⑯ 수영장 사망사고		
064	CASE ⑰ 주차장 침수 사고		

66
: Section 3

068　QUESTION ①
　　 최고안전담당자(CSO)
　　 선임 효과 있었나

070　QUESTION ②
　　 애매한 발주처와 도급인을
　　 구별하는 기준

074　QUESTION ③
　　 유해·위험 요인 확인과
　　 위험성평가

076　QUESTION ④
　　 협력 업체 평가 및 관리
　　 어디까지 해야 하나

078　QUESTION ⑤
　　 협력 업체 안전관리비는
　　 얼마나 줘야 하나

080　QUESTION ⑥
　　 반기 평가 제대로 하기

082　QUESTION ⑦
　　 협력사 안전관리 간섭하면
　　 불법파견으로 처벌하나

084　QUESTION ⑧
　　 임대한 공장도 도급인의
　　 안전관리 대상인가

086　QUESTION ⑨
　　 의료과실은
　　 중대시민재해일까

088　QUESTION ⑩
　　 안전보건관리체계
　　 어떻게 조직해야 할까

090　QUESTION ⑪
　　 공동 작업 시 누가 중대
　　 재해처벌법상 의무를 지나

092　QUESTION ⑫
　　 우리 회사에 재해 사고가
　　 재발하면 어떻게 하나

094　QUESTION ⑬
　　 다른 사업장에서
　　 발생한 사고

096　QUESTION ⑭
　　 중대재해처벌법 관련
　　 합의는 어떻게 하나

098　QUESTION ⑮
　　 스위스 치즈 이론이란

100　QUESTION ⑯
　　 PDCA, 어떻게 해야 하나

102　QUESTION ⑰
　　 ALARP는 무엇인가

: Closing

104　안전 및 보건 확보의무 이행
　　 체크리스트

108　안전보건관리체계 가이드

112　중대재해 처벌 등에 관한 법률

120　중대재해 처벌 등에 관한
　　 법률 시행령

138　스페셜리스트

OPENING

숫자로 보는 산업재해

산업재해를 막기 위해 중대재해처벌법을 도입했지만 여전히 현장에서 노동자가 숨지는 사고가 빈번하게 발생하고 있습니다. 2022년 1~9월에 발생한 산업재해 현황을 살펴봤습니다.

자료 고용노동부

질병 사망자 수

345명

질병 사망자는 광업에서 345명(33.2%)으로 가장 많이 발생했습니다.
질병 사망자의 질병 유형별로는 진폐 370명(35.6%), 뇌심혈관계 질환 367명(35.4%), 직업성 암 145명(14.0%) 순으로 높게 나타났습니다.

사고 사망자 발생 사업장 규모

40.0%

사고 사망자가 발생한 사업장 규모는 5인 미만이 253명(40.0%)으로 가장 많았습니다. 5~49인 사업장이 252명으로 뒤를 이었고 100~299인 56명, 50~99인 36명 등이었습니다.

질병 사망자 발생 사업장 규모

32.4%

질병 사망자가 발생한 사업장 규모는 5~49인이 336명(32.4%)으로 가장 많았습니다. 이어 300~999인 사업장이 208명, 5인 미만 179명, 100~299인 143명 등이었습니다.

1670명

산업재해 사망자 수

산업재해 사망자 수는 **1670**명으로 전년 동기 대비 **35**명(**2.1%**) 늘어난 것으로 나타났습니다. 이 가운데 사고 사망자 수는 **632**명으로 전년 동기 대비 **46**명(**6.8%**) 감소했으며, 같은 기간 질병 사망자 수는 **1038**명으로 **81**명(**8.5%**) 증가했습니다.

재해자 수
9만 6485명

재해자 수는 9만6485명으로 전년 동기 대비 5696명(**6.3%**) 늘었습니다. 이 중 사고 재해자 수는 7만9040명으로 전년 동기 대비 3208명(**4.2%**) 증가했고, 질병 재해자 수는 1만7445명으로 전년 동기 대비 2488명(**16.6%**) 늘어난 것으로 집계됐습니다.

건설업 사고 사망자 수
293명

사고 사망자는 건설업에서 293명(**46.4%**)으로 가장 많이 발생했습니다. 이어 제조업(136명), 기타의 사업(102명), 운수창고통신업(72명) 등 순이었습니다. 다만 건설업과 제조업은 전년 동기 대비 각각 47명, 14명 줄었습니다.

사고 사망자 재해 유형
37.5%

사고 사망자의 재해 유형별로는 추락 사고가 **237**명(**37.5%**)으로 가장 많았습니다. 이어 부딪힘 71명(**11.2%**), 끼임 65명(**10.3%**), 교통사고 60명(**9.5%**) 순이었으며, 물체에 맞은 사고는 42명(**6.6%**)으로 전년과 같았습니다.

OPENING

'안전한 일터'를 위해 고민해야 할 점

: 전문가들은 노사가 함께하는 사고예방체계 구축을 주문합니다. 경영자뿐 아니라 현장에서 일하는 근로자도 산업안전만큼은 공동 책임 주체가 돼야 한다는 것입니다.

*by_* 최진석 한국경제신문 사회부 법조팀장

중대재해처벌법은 시행 전부터 산업계와 법조계에서 큰 관심을 받았습니다. 사망사고와 같은 중대 안전사고 발생 시 해당 기업 최고경영자를 형사처벌하는 내용이 담겼기에 기업의 우려도 컸습니다. 유례없이 강한 처벌 규정을 담은 만큼 실제 산재사고 감소 여부에도 이목이 쏠렸습니다.
중대재해처벌법 시행 1년이 지난 후 우려는 현실화했습니다. 법 시행 불과 이틀 후 '중대재해법 1호' 사건이 발생합니다. 이후 일주일여 뒤 2호 사건이 일어나는 등 법 시행 후 보름 만에 3건의 사고로 근로자 9명이 유

매일 2.4명의 근로자가 산재 사고로 목숨을 잃고 있다. 한국은 놀라운 경제성장으로 선진국 대열에 진입했지만, 산업재해는 이에 크게 미치지 못하고 있는 상황이다.

명을 달리했습니다. 시행 초기부터 약발이 먹히지 않은 것입니다.
연간으로 봐도 중대재해처벌법 효과를 체감할 수 없었습니다. 고용노동부가 발표한 '2022년 재해조사 대상 사망사고 발생 현황'에 따르면 지난해 법 적용 대상인 상시 근로자 수 50인 이상(건설업은 공사금액 50억원 이상) 사업장에서 총 256명의 사망자가 발생했습니다. 2021년 248명보다 8명(3.2%) 늘었습니다.
전체 산재 접수·승인 건수도 큰 폭으로 증가했습니다. 박대수 국민의힘 의원이 근로복지공단에서 제출받은 자료에 따르면 지난해 산재 접수 건수는 18만1792건으로 전년(16만8927건)보다 7.6% 늘었습니다. 산재 승인 건수도 2021년 12만8366건에서 지난해 13만5983건으로 5.9% 증가했습니다. 지난해 승인 건수는 관련 통계 작성이 시작된 1985년 이후 37년 만의 최대치입니다. "처벌 강화로 사고를 줄일 수 없다"라는 전문가들의 지적이 명확하게 드러나는 부분입니다.
2023년 새해에도 중대재해처벌법을 둘러싼 여러 논란이 지속할 전망입니다. 법의 모호성과 과도한 형벌 논란이 그것입니다. 한국경영자총협회와 중소기업중앙회는 2022년 12월 중대재해처벌법에 대한 기업 인식도 조사를 시행했습니다. 그 결과 중대재해처벌법상 모든 의무 사항을 알고 있다는 기업은 38.8%에 그친 것

으로 나타났습니다. 이에 앞서 같은 해 10월 중대재해처벌법 위반 혐의로 처음 기소된 두성산업은 "법 규정이 불명확하고 사업자가 부담하는 형사책임이 크다"라며 위헌법률심판 제청을 신청하기도 했습니다.

주무 부처인 고용노동부도 중대재해처벌법이 사후 규제와 처벌에 초점을 맞추고 있다고 판단했습니다. 이에 2022년 11월 30일 '중대재해 감축 로드맵'을 내놨습니다. '위험성평가'를 중심으로 자율예방체계를 마련하도록 하겠다는 게 주요 골자입니다. 노사가 스스로 사업장의 위험 요인을 파악해 개선책을 찾아 이행할 수 있도록 하는 제도입니다. 하지만 이를 두고 노동계와 경영계가 저마다 다른 입장을 보이고 있습니다. 노동계는 위험성평가를 한 점이 기업이 처벌 피할 수 있는 탈출구 역할을 할 수 있다고 지적했습니다. 경영계는 자기 규율 예방으로 전환하는 것에 대해선 환영하면서도 강한 처벌 규정은 그대로 둔 채 위험성평가를 의무화하는 것이 또 다른 규제가 될 수 있다고 우려하고 있습니다.

중대재해처벌법은 앞으로 더 많은 사업장에 적용됩니다. 2024년 1월 27일부터 5인 이상 사업장까지 확대됩니다. 중소업체들도 안전보건관리체계를 구축·이행해야 하는 부담을 안게

2022년 10월 20일 서울 마포구 가든호텔에서 '노사 참여를 통한 안전 문화 활성화'를 주제로 중대재해 감축 로드맵 수립을 위한 토론회가 열렸다.

2024년 1월 27일

개인사업자 또는 근로자 50인 미만 사업 또는 사업장 공사(건설업의 경우 공사금액 50억원 미만 공사)에 대해 중대재해처벌법이 적용된다. 개인 사업주 부칙 제1조에 따라 상시근로자 수와 관계없이 2024년 1월 27일부터 법이 적용된다.

됩니다. 법 도입 취지인 '안전한 일터' 구현을 위해 보다 근본적 패러다임 전환이 필요한 상황입니다.

전문가들은 노사가 함께하는 사고예방체계 구축을 주문합니다. 경영자뿐 아니라 현장에서 일하는 근로자도 산업안전만큼은 공동 책임 주체가 돼야 한다는 것입니다. 예를 들어 현장에 안전모를 비치했어도 근로자가 제대로 착용하지 않으면 소용없습니다. 사고 예방을 위해 근로자가 안전모를 착용하지 않았을 경우, 그에 대한 책임을 물을 필요가 있다는 겁니다.

산업안전에 대한 노사협의체를 구성하고 근로자와 회사가 활발하게 소통해야 한다는 의견도 있습니다. 그래야만 해당 사업장에 가장 필요하고 적합한 산재 예방 방안을 도출할 수 있기 때문입니다. 전문가들은 이와 같은 예방체계 구축과 함께 사고 발생 시 책임도 노사가 공동으로 져야 한다고 말합니다. 또한 사고 발생 시 여론몰이식 비난을 자제하고, 객관적·과학적 원인 규명을 통한 재발 방지 대책 수립에 집중해야 한다는 의견에도 힘이 실립니다.

매일 2.4명의 근로자가 산재사고로 목숨을 잃고 있습니다. 한국은 놀라운 경제성장으로 선진국 대열에 진입했지만, 산업재해는 이에 크게 미치지 못하고 있습니다. 노사와 전문가가 지혜를 모아 보다 합리적이고 현실적 해결책을 찾기를 바랍니다. 그리고 해답을 찾는 과정에 이번 무크가 도움이 되기를 바랍니다.

OPENING

중대재해처벌법에 대한 새 정부의 기조

: 윤석열 정부는 중대재해처벌법상 적용 요건이나 처벌 규정 등과 관련한 중대재해처벌법의 법리적 문제점에 대해 개선 방안을 마련할 것으로 보입니다. 이를 위해 2022년 11월 30일 '산업안전 선진국으로 도약하기 위한 중대재해 감축 로드맵'을 내놨습니다.

문재인 정부는 2021년 12월, 2022년 경제정책 방향을 발표하며 '중대재해 예방 등 노사관계 법·제도와 관련한 구체적 개선 방안 발굴을 위한 사회적 대화 추진'을 제시했습니다. 중대재해처벌법의 원활한 시행을 위해 준비하고 시행 이후 진행 경과를 모니터링하며 개선 방안을 발굴·검토할 것임을 공표한 바 있습니다.

이후 출범한 윤석열 정부는 2022년 6월 16일 새 정부 경제정책 방향을 발표하며, '기업의 경영활동을 위축시키는 법적 불확실성 신속히 해소'라는 과제 아래에 중대재해처벌법 시행령 개정을 포함했습니다. 경영책임자의 의무 명확화를 위한 시행령 개정 등을 통해 "재해 예방의 실효성을 제고하고 현장 애로를 개선하겠다"라며 의지를 밝혔습니다. 이어 2022년 7월 열린 법무부 업무보고 시 윤석열 대통령이 직접 "기업 활동을 위축시키는 과도한 형벌 규정을 개선하라"라고 지시하기도 했습니다. 윤석열 정부는 중대재해처벌법상 적용 요건이나 처벌 규정 등과 관련한 중대재해처벌법의 법리적 문제점에 대해 개선 방안을 마련할 것으로 보입니다. 그 일환으로 윤석열 정부는 2022년 11월 30일 '산업안전 선진국으로 도약하기 위한 중대재해 감축 로드맵'을 내놨습니다. 처벌·감독을 통한 타율적 규제만으로는 한계가 있는 만큼 안전 주체들의 책임에 기반한 '자기규율'과 '예방 역량' 향상을 지원함을 기본 원칙으로 했습니다.

정부가 자기규율 예방체계의 중심으로 제시한 위험성평가는 산업안전

이정식 고용노동부 장관이 2022년 11월 30일 정부서울청사 브리핑실에서 중대재해 감축 로드맵에 대해 브리핑하고 있다.

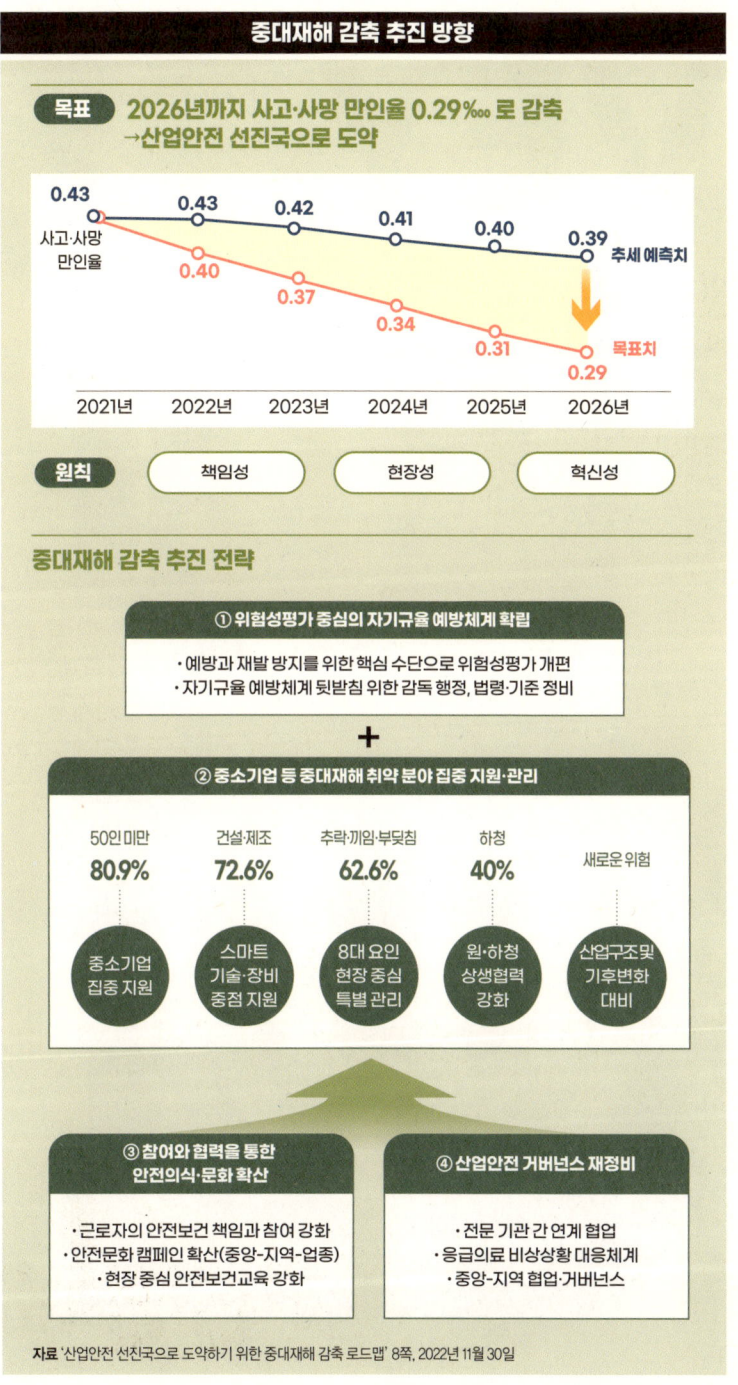

보건법 제36조에 따라 실시됩니다. 유해·위험 요인을 파악하고 해당 요인에 의한 부상 또는 질병 발생 가능성과 중대성을 추정·결정하고 감소대책을 수립해 시행하는 일련의 과정을 말합니다. 국내 모든 사업장이 위험성평가를 실시하도록 2013년부터 의무화했는데, 산업안전보건법상 위험성평가를 실시하지 않은 사업주를 처벌하는 조항은 없었습니다. 정부는 2023년부터 2025년까지 단계적으로 위험성평가를 의무화할 계획입니다. 이를 이행하지 않을 경우 처벌하는 규정을 명문화해 기업의 자기규율 예방체계 구축을 유도할 방침입니다.

한편 자기규율 예방체계의 구축 및 운영을 목표로 하더라도 고용노동부의 기획·감독 역할과 기능은 강화될 것으로 보입니다. 이러한 기획·감독은 평상시 안전관리가 불량하거나 유사·동종 업계 사고 사례가 다수 확인되는 사업장을 선별해 진행합니다. 따라서 중대재해가 한 번이라도 발생한 사업장에 대해 더욱 강도 높고 빈번한 감독 행정이 이뤄질 가능성이 높습니다.

보다 구체적인 제재 방식은 2023년 1월 구성된 '중대재해처벌법령 개선 태스크포스(TF)'를 통해 선진국 사례와 중대재해처벌법 수사·기소 현황 등을 토대로 개선안을 마련할 것으로 보입니다. 따라서 향후 TF 활동 및 논의 상황에 주목할 필요가 있습니다.

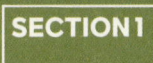

SURVEY

중대재해처벌법 시행 300일, 기업들은 어떻게 생각할까?

한국경영자총협회와 중소기업중앙회가 중대재해처벌법 시행에 대한 기업 인식도 조사를 실시한 결과 대응에 한계를 느끼고 있는 것으로 나타났습니다.

조사 대상 한국경영자총협회·중소기업중앙회 회원사를 포함한 국내 기업 중 설문에 응답한 5인 이상 기업 1035개사
조사 기간 2022년 11월 2~18일

중대재해처벌법 의무에 대한 대응능력

86.4%는 중대재해처벌법 의무*에 대한 대응능력이 '부족하거나 모르겠다'고 응답했고 '대응능력이 충분하다'는 답변은 13.6%에 그쳤습니다.

대응능력이 충분하다
13.6%

86.4%
부족하거나 모르겠다

안전보건관리체계 구축 및 그 이행에 관한 조치, 안전·보건 관계 법령에 따른 의무이행에 필요한 관리상 조치 등 안전보건확보의무

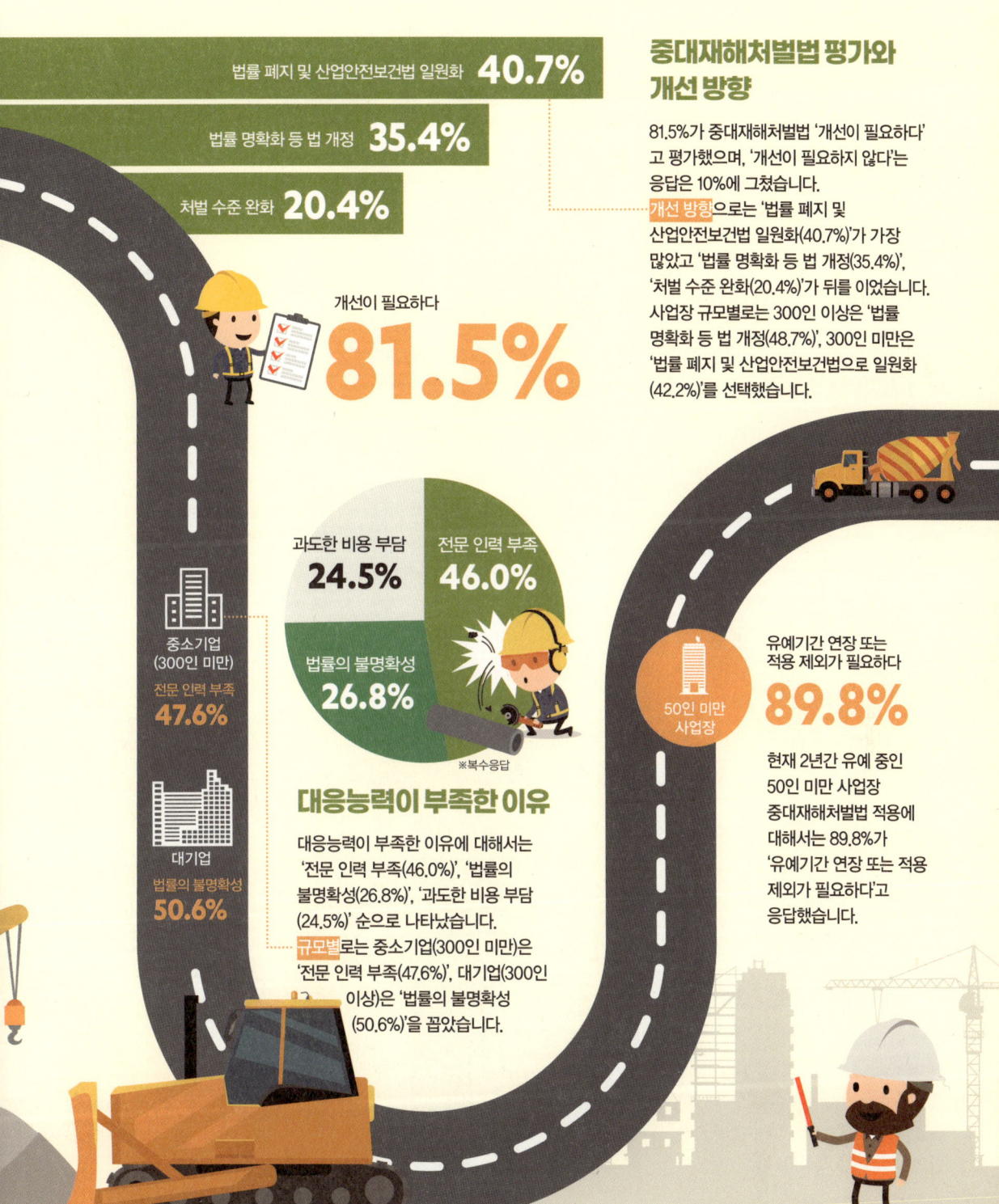

SECTION 1 Issue ①

개정안 논의 나선 중대재해처벌법

: 중대재해처벌법 시행 이후 개정안에 관한 논의가 꾸준히 이어지고 있습니다. 2022년 12월 현재 총 9건의 중대재해처벌법 개정안이 국회에서 제안됐습니다.

중대재해처벌법이 시행된 이후 경영계에서는 법령의 내용이 모호하고 경영책임자에게 과중한 책임을 부담한다는 이유로, 노동계에서는 50인 미만의 사업장에 대해 법 적용이 유예돼 소규모 사업장에 대한 안전 보장이 충분하지 않다는 등의 이유로 중대재해처벌법에 관련해 보완이 필요하다는 주장이 제기됐습니다. 이에 중대재해처벌법 시행 전후로 개정안에 관한 논의가 지속되고 있는 상황입니다.

중대재해처벌법이 2021년 1월 26일 공포된 이후 국회에는 총 9건(철회 1건 제외)의 개정안이 제안됐습니다. 개정안의 공통적인 주요 내용을 정리하면 오른쪽 표와 같습니다.

위 개정안은 2022년 12월 현재, 소관 상임위원회 접수 또는 심사 단계에 머물러 있어 본격적인 개정 절차에 들어갔다고 보기는 어렵습니다. 개정안들은 공통적으로 중대재해처벌법의 적용 범위를 확대하거나 처벌의 하한을 도입함으로써 법률의 실효성 강화를 목표로 하고 있습니다. 향후 본격적인 논의가 이루어지면 어떠한 사항이 개정안에 반영될지 관심을 가지고 지켜볼 필요가 있습니다. 특히 5인 미만 사업 또는 사업장 배제 규정 삭제는 영세사업자들에게 큰 부담이 될 수 있고, 처벌 대상이 되는 사업장 수가 대폭 늘어난다는 점에서 사회적 여파가 클 것으로 예상됩니다.

현재 계류 중인 개정안들은 대부분 처벌 범위와 형량 등을 강화하는 내용으로 야당의원들이 제출한 개정안입니다. 이에 비해 법무부장관이 관계 부처의 장과 협의하여 중대재해 발생 예방 기준을 고시하고, 사업주와 경영책임자등에게 이를 권고하여 준수하면 형을 감면하자는 현재

국회에서 제안된 중대재해처벌법 개정안

주요 내용	발의 건수	발의 의원
5인 미만 사업 또는 사업장 배제 규정 삭제	4건	강민정 등 10인, 강은미 등 10인, 윤준봉 등 10인, 서동용 등 10인
벌금형 하한 도입 내지 법정형 상향	3건	이탄희 등 15인, 강민정 등 10인, 강은미 등 10인
양형 절차의 특례 마련	3건	이탄희 등 15인, 강민정 등 10인, 강은미 등 10인
보호대상에 교육훈련생 포함	3건	이은주 등 16인, 강은미 등 10인, 서동용 등 10인
중대시민재해의 범주에 건설공사 현장에서 발생한 재해 포함	2건	김영배 등 17인, 강은미 등 10인
경영책임자 범위 조정	2건	강민정 등 10인, 강은미 등 10인
인과관계 추정 조항 도입	2건	강민정 등 10인, 강은미 등 10인
관련 공무원 처벌 규정 도입	2건	강민정 등 10인, 강은미 등 10인
징벌적 손해배상 제도에 하한 도입	2건	강민정 등 10인, 강은미 등 10인

여당안은 철회됐습니다. 아마도 법 개정이 어려우니 시행령을 개정하고자 철회한 것으로 보입니다.

'안전보건확보의무' 구체화

중대재해처벌법 시행 이후부터 주로 제기된 비판은 법 규정이 모호해서 이를 준수하기 위해 어떠한 조치를 취해야 하는지 불명확하다는 것이었습니다. 이에 법에서 정한 의무 사항이 무엇인지를 분명하게 규정하기 위해 중대재해처벌법 시행령을 개정하려는 움직임이 최근까지 이어지고 있습니다.

현재 검토 중인 시행령 개정안은 경영책임자가 준수해야 할 중대재해처벌법상 '안전보건확보의무'를 구체화하는 것이 주된 내용으로 알려졌습니다. 또한 중대재해처벌법 시행령 제5조에서 규정하고 있는 '안전·보건 관계 법령'의 범위가 제한되지 않아 그 숫자가 적게는 10개, 많게는 80여 개까지 늘어날 수 있다는 비판을 고려해 안전·보건 관계 법령을 고용노동부 중대재해처벌법 해설서에서 제시한 약 10가지 법안(산업안전보건법, 광산안전법, 원자력안전법, 항공안전법, 선박안전법, 연구실안전법, 폐기물관리법, 생활물류서비스법, 선원법, 생활방사선법)으로 한정한다는 방침도 고려 대상으로 알려졌습니다.

이 외에도 △사업주가 지켜야 하는 예산 편성·집행 범위를 명확히 해 산업안전보건법 제14조에 따라 이사회에 보고한 예산이 있다면 이를 중대재해처벌법상 예산편성 의무를 이행한 것으로 보고 △경영책임자가 수립해야 하는 안전보건 경영방침 및 목표 역시 이사회에 보고한 내용이 있다면 이행한 것으로 간주하는 등 경영책임자가 산업안전보건법상 의무를 이행했다면 중대재해처벌법상 의무를 수행한 것으로 보는 간주 규정이 다수 포함될 것으로 알려졌습니다.

고용노동부는 2022년 12월 현재 중대재해처벌법 시행령 개정 내용에 관해 확정된 바는 없으며, 현장에서 제기된 다양한 사항을 심도 있게 검토 중이라는 입장을 밝혔습니다. 중대재해처벌법은 그 구체적인 내용의 상당 부분을 시행령에 위임해 시행령의 내용에 따라 법 집행이 크게 달라질 것으로 보입니다. 시행령 개정안이 발표되면 그 내용에 따라 경영계 또는 노동계의 찬반 대립이 첨예할 것으로 예상됩니다.

국민의힘과 정부는 2022년 11월 28일 국회에서 '중대재해 감축 로드맵' 관련 당정협의회를 열었다. 성일종 정책위의장이 인사말을 하고 있다.

고용부 '중대재해 감축 로드맵' 발표

고용노동부는 2022년 11월 30일 '중대재해 감축 로드맵'을 발표하면서 중대재해처벌법 개정에 대해 2023년 상반기 태스크포스(TF)를 구성했으며, 2023년 하반기 정기국회를 통해 법령을 정비하겠다고 밝혔습니다.

최근 형사처벌 대신 과징금 등 경제적 불이익을 중심으로 중대재해를 단속하자는 의견이 제기되는 등 경영책임자에 대한 처벌의 폭과 수위를 크게 낮추자는 주장도 나오고 있는 만큼, 중대재해처벌법과 그 시행령이 어떠한 내용을 담을지 귀추가 주목되고 있습니다. 중대재해처벌법의 실효성과 불명확성에 대한 의문을 해소할 수 있는 개정안이 등장할지 관심을 가지고 지켜봐야겠습니다.

중대재해 발생 시 수사는 어떻게 이루어지나

중대재해가 발생할 경우 주된 수사 대상이 되는 범죄는 산업안전보건법 위반, 중대재해처벌법 위반, 형법상 업무상과실치사상죄가 전형적이며, 그 외 사안에 따라 위험물안전관리법이나 화학물질관리법 위반 등 개별적인 법률이 적용되기도 합니다. 주요 형사책임별로 수사가 어떻게 이루어지는지 알아보겠습니다.

산업안전보건법 위반

사법경찰관리의 직무를 수행할 자와 그 직무범위에 관한 법률(이하 사법경찰직무법) 제6조의2 제1항 제5호에 따라 산업안전보건법에 규정된 범죄에 관해서는 관할 노동청의 근로감독관이 사법경찰관의 직무를 수행합니다.

노동청의 근로감독관은 참고인 조사, 임의제출, 압수수색 등으로 관련 사실관계를 파악한 뒤, 범죄 혐의가 있다고 판단되면 관련자를 산업안전보건법 위반 피의자로 입건해 수사하게 됩니다. 이때 (도급)사업주가 법인인 경우 특별한 사정이 없으면 법인의 대표자를 행위자로 보아 입건을 하지만, 대기업 등의 경우에는 안전보건관리(총괄)책임자의 신분을 확인하고 업무 위임 관계, 사업장 규모, 지위 등을 고려해 업무를 실질적으로 총괄·관리하는 사람을 입건하게 됩니다(대표이사가 사업장에 상주하는 경우 대표이사를, 대표이사가 상주하지 않는 경우 자신의 권한과 책임하에 대내외적으로 대표이사와 동일한 정도의 업무를 수행하는 사람—공장장, 전무, 상무 등—을 책임자로 봄). 노동청 단계에서 수사가 마무리되면 검찰로 사건이 송치됩니다.

중대재해처벌법 위반은 6개 관할 지방청에서

고용노동부 산하 소속기관으로 6개 지방청, 40개 지청 및 2개 출장소가 있습니다. 중대재해처벌법 위반 사건은 6개 지청(서울지방고용노동청, 중부지방고용노동청, 부산지방고용노동청, 대구지방노동청, 광주지방고용노동청, 대전지방고용노동청)에서 담당합니다. 사법경찰직무법이 2022년 1월 4일 법률 제18674호로 개정되면서 중대재해 중 중대산업재해에 대해서는 노동청의 근로감독관이, 중대시민재해에 대해서는 경찰이 각각 수사업무를 담당하는 것으로 정리됐습니다.

이에 따라 중대산업재해의 경우 노동청의 근로감독관이, 중대시민재해의 경우 경찰이 각각 참고인 조사, 임의제출, 압수수색 등을 통해 ① 경영책임자등이 누구인지 ② 중대재해처벌법에서 요구하는 안전보건

근로감독관(특별사법경찰) 수사 절차

수사단서 → 특사경 → (송치) → 검사 → 처분

- 고소·고발 인지
- 특사경: 소환조사, 압수수색, 통화내역조회, 체포·구속 (영장)
- 검사: 보완 수사 (직접) (지휘)
- 수사 지휘

확보의무를 다했는지 ③ 그 위반행위와 중대재해 사이에 인과관계가 있는지를 집중적으로 수사한 뒤, 범죄 혐의가 있다고 판단되면 경영책임자등을 중대재해처벌법 위반 피의자로 입건해 검찰에 송치합니다.
한편, 검사의 경찰에 대한 수사지휘권은 폐지됐으나 특별사법경찰에 대한 수사지휘권은 존속하므로(형사소송법 제245조의10 제2항), 노동청 근로감독관의 산업안전보건법 및 중대재해처벌법(중대산업재해 한정)에 대한 수사는 검사가 수사지휘를 할 수 있습니다.
실제 중대재해 수사 사례에 있어서

중대재해처벌법 위반은 6개 관할 지방노동청에서, 산업안전보건법은 40개 관할 지방노동청 및 지청에서 수사를 전담하고 있다.

노동청이 기소의견으로 송치하더라도 수사 내용이 미진할 경우에는 다시 수사지휘가 내려와 재수사나 조사가 이루어지므로, 노동청은 충분한 혐의 입증을 위한 증거와 진술 확보 노력을 기울이게 됩니다.

업무상과실치사상
경찰에서는 업무상과실치사상(형법 제268조)에 대한 수사를 진행합니다. 경찰 역시 참고인 조사, 임의제출, 압수수색 등으로 관련 사실관계를 먼저 파악한 뒤, 주요 관련자를 피의자로 선정해 피의자신문을 진행하고, 구속 등 신병 처리, 검찰 송치 수순을 밟습니다.
업무상과실치사상에 대한 경찰 수사에서는 중대재해 발생과 관련한 임직원의 구체적 주의의무 위반(업무상과실)이 문제가 되는데, 업무상과실치사상은 현장 작업자나 관련 업무 감독자 등에게도 인정될 수 있다는 점에서 산업안전보건법이나 중대재해처벌법과 차이가 있습니다. 또한, 노동청과 달리 경찰에 대해서는 검사가 수사지휘를 할 수 없습니다.

특별법 위반은 관할 주무관청에서 수사
중대재해 발생 시 사고 원인에 따라서 위험물안전관리법(예: 위험물 유출에 따른 사고), 화학물질관리법(예:

업무상과실치사상
업무 종사자가 당해 업무의 성질상 또는 그 업무상의 지위 때문에 특별히 요구되는 주의의무를 태만히 함으로써 결과 발생을 예견하거나 회피하지 못한 경우에 해당한다. 보통 과실에 비해 불법 및 책임이 가중돼 중하게 처벌받는다.

화학사고 발생 시), 고압가스안전관리법(예: 고압가스 폭발) 등 개별 법령이 추가로 적용될 수 있습니다.
위 개별 법령 위반에 대한 수사는 소방청, 환경청 등 행정관청에 소속돼 있는 특별사법경찰관의 직무 범위에 속하는 경우가 많습니다(위 예시에서 위험물안전관리법위반은 소방청이, 화학물질관리법위반은 환경청이 각각 담당합니다).

최종 수사 및 기소 하는 검찰
여러 기관의 사법경찰관이 중대재해와 관련된 범죄들을 1차적으로 수사하여 검찰에 사건을 송치하면, 검사는 추가 조사하여 범죄 혐의가 있다고 인정될 경우에는 공소제기를, 그렇지 않을 경우에는 불기소처분(혐의 없음, 죄가 안 됨, 공소권 없음)을 하게 됩니다.
한편 검찰청법이 2022년 5월 9일 법률 제18861호로 개정되면서 검사가 직접 수사를 개시할 수 있는 범죄의 범위에서 '대형참사범죄'가 제외됐습니다. 따라서 특별한 사정이 없는 한 검사가 중대재해와 관련된 범죄에 대해서 직접 수사를 개시하는 일은 없을 것으로 사료됩니다.

수사기관별 서로 다른 법 해석 논란

실제 법이 시행되고 중대재해가 발생하면서 법률의 내용이 불분명한 사항에 대해 수사기관 및 전문가 사이에서 서로 다른 해석이 나오고 있습니다. 대표적으로 안전보건 전담 조직의 업무 구성과 파견근로자를 상시근로자에 포함해야 하는지를 두고 의견이 엇갈리고 있습니다.

2021년 1월 26일 중대재해처벌법이 제정된 후 불분명한 법률 조항으로 인해 사업주들이 어떤 내용을 지켜야 하는지 알 수 없다는 거센 비판이 제기됐습니다. 이에 고용노동부 등 정부 유관 부서의 주도하에 하위 법령인 중대재해처벌법 시행령을 마련하면서 세부적인 의무 사항들이 규정됐고, 이후 고용노동부가 중대재해처벌법 해설서를 발행해 사업주들이 중대재해처벌법에서 규정하는 내용을 충분히 이해하고 실행에 옮기도록 했습니다. 그러나 실제 법이 시행되고 중대재해가 발생하면서 법률의 내용이 불분명한 사항에 대해 수사기관 사이에서 서로 다른 해석이 나오고 있습니다.

전담 조직 구성 두고 의견 분분

대표적 사례는 중대재해처벌법 시행령 제4조 제2호의 안전·보건에 관한 업무를 총괄·관리하는 전담 조직(이하 안전보건 전담 조직) 구성에 관한 사항입니다. 중대재해처벌법 시행령은 안전보건 전담 조직을 둘 것을 규정하고 있지만, 안전보건 전담 조직의 구성원들이 안전보건에 관한 업무만 담당해야 한다고 명시적으로 규정하고 있지 않습니다.

대검찰청과 고용노동부는 '전담'이라는 문구에 근거해 안전보건 전담 조직 인력들은 안전보건 이외의 업무, 예를 들어 소방·시설관리·전기 등의 업무를 함께 수행할 수 없고, 생산관리, 일반행정 등 안전·보건관리와 상충되는 업무를 함께 수행할 수 없다고 해석하고 있습니다. 이러한 견해에 따르면, 만약 중대재해가 발생한 제조업체 사업장의 안전보건 전담 조직에 소속된 인력들이 공장의 기계 및 시설을 점검·정비하는 업무를 수행하는 것이 수사 과정에서 드러난다면, 실제 안전보건 전담 조직이 존재하지 않는 것으로 해석돼 중대재해처벌법 위반 혐의가 인정될 수 있습니다. 다만 2022년 12월 현재 전담 조직 구성 위반을 이유로 법원에 기소된 사례는 없습니다.

한편 최근 울산지방검찰청이 주최한 중대재해·산업안전 세미나에서는 안전보건 전담 조직의 구성원이 안전보건 관리 업무를 주된 업무로 하면서 겸직이 허용되는 업무는 사업장에서 자율적으로 정할 수 있다는 견해를 제시했습니다. 그 근거로 전담(專擔)의 문구상 의미도 전문적으로 담당한다는 의미로 이해되고, 법조항이 안전·보건에 관한 업무만 총괄·관리하라고 규정하고 있지 않은 점, 시행령 제4조 제6호는 안전관리자 등의 겸직을 전제로 규정하고 있는 점, 규모가 적은 기업에 다른 업무는 전혀 할 수 없는 전담 조직을 강요할 경우 오히려 2~3명 최소 인원으로 형식적 조직을 구성할 가능성이 높아 중대재해처벌법 입법 취지에 반하는 점 등을 제시했습니다(노정환, 「중대산업재해치사상죄에 대한 실무적 고찰」, 울산지검 36쪽). 우리나라에서 가장 많은 산업재해 사건을 다루고 있는 검찰청 현직 기관장의 논문에 수록된 견해이기에 주목할 필요가 있습니다.

파견근로자

파견사업주가 고용한 근로자를 말한다. 파견근로자의 근무 기간은 원칙적으로 1년을 넘지 못하지만, 파견사업주·사용사업주·파견근로자 간 합의가 있는 경우에는 연장할 수 있다.

중대재해법 논란 및 문제점			
적용 범위	5인 미만 사업장의 사업주 제외		기업 규모별 형평성 문제, 소규모 사업장 관리감독 소홀 가능성
용어 규정	안전보건관리체계 구축 및 이행		추상적 표현으로 구체화 여지 남겨, 판례-실무 확립까지 시간 소요
처벌 대상	대표이사 또는 안전 담당 이사		원청-하청 갈등 소지, 경영책임자 범위 해석에 대한 논란 불가피
삭제 조항	인과관계 추정, 공무원 처벌 특례		산안법 위반-조사 방해 행위 방지 취지 무색, 정부 책임 회피 비판
유예 기간	50인 미만 사업장 유예 기간 3년		기존 법안 후퇴로 노동계 반발, 노동재해 감소 실효성 담보 불확실

자료: 대법원 양형위원회, 2021년

이러한 상황에서 중소규모 기업은 안전보건 전담 조직의 업무를 어떻게 구성할 것인지 고민이 깊어지고 있습니다. 한정된 인력을 운용할 수밖에 없는 여건하에서 전담 조직 인력이 안전보건과 관련성 있는 다른 업무(예컨대 시설 정비 등)를 절대 수행해서는 안 된다고 한다면, 결국 전담 조직의 인력을 최소화하는 방법을 택해야 하기 때문입니다.

파견근로자는 상시근로자인가

파견근로자가 중대재해처벌법 적용을 받는 상시근로자에 포함되는지에 대해서도 의견이 엇갈리고 있습니다. 중대재해처벌법 제3조는 상시근로자가 5명 미만인 '사업 또는 사업장'의 사업주 또는 경영책임자등에게는 이 장의 규정을 적용하지 아니한다고 규정하고 있는데, 회사의 근로자가 아닌 파견근로자도 여기에 포함되는지를 두고 노동청과 검찰 사이에서 해석이 다릅니다.
파견근로자 보호 등에 관한 법률에 따르면, 사업주는 사무지원 종사자, 운전업무 종사자 등 32개 파견 대상

현재는 중대재해처벌법 시행 초기인 탓에 수사기관마다 견해가 일치하지 않는 이슈가 존재해 기업에서는 대응에 다소간 어려움이 발생할 수 있는 상황이다.

업무에 한해 파견근로자를 사용할 수 있고, 위 32개 업무가 아니라고 하더라도 일시적·간헐적으로 인력 확보가 필요한 경우에는 최대 6개월까지 파견근로자를 사용할 수 있으며 제조업체 등 일부 사업장에서는 파견근로자를 다수 고용하는 일도 상당수 존재합니다.
이에 관해 고용노동부는 파견근로자도 중대재해처벌법이 적용되는 상시근로자에 포함된다는 입장입니다. 이는 고용 형태에 따라 중대재해처벌법의 적용 범위가 달라지는 것을 막기 위한 해석으로 보입니다. 반면 검찰에서는 중대재해처벌법상 상시근로자 수 산정과 관련해 별도의 규정이 없는 가운데 근로기준법 시행령 제7조에서 상시근로자 수를 산정할 때 파견근로자는 제외하고 있는 점, 파견근로자 보호 등에 관한 법률 제35조는 산업안전보건법의 경우에만 명시적으로 사용사업주를 산업안전보건법상 사업주로 본다고 규정하고 있을 뿐 중대재해처벌법의 경우를 포함하는 규정을 두고 있지 않은 점, 중대재해처벌법은 매우 엄격한 형벌을 규정하고 있다는 점 등을 근거로 파견근로자는 상시근로자에서 제외하는 것이 타당하다는 입장입니다. 이에 따라 파견근로자를 고용하고 있는 소규모 사업장에서는 자신의 사업장이 중대재해처벌법 적용 대상인지를 확신하지 못하는 상황이 발생할 수 있습니다. 이처럼 현재는 중대재해처벌법 시행 초기인 탓에 수사기관마다 견해가 다른 이슈가 존재해 기업에서는 대응에 다소간 어려움이 따르는 상황이며, 각 기업에서는 좀 더 조심스럽게 대응하고 있습니다. 향후 검찰 및 법원을 통해 중대재해처벌법에 대한 해석례가 축적되기를 기다려봐야 할 것 같습니다.

중대재해처벌법 위헌 논란

: 중대재해처벌법 입법 단계부터 위헌 논란이 끊이지 않고 있습니다. 노동계에서는 중대재해처벌법에 대한 위헌법률심판제청은 경영책임자를 처벌하고자 제정한 중대재해처벌법의 입법 목적을 무력화하려는 시도라며 비판의 목소리를 높이고 있습니다.

경남 창원 소재 에어컨 부품 제조회사인 두성산업에서 2022년 2월경 세척제 성분인 트리클로로메탄에 노출된 16인이 직업성 급성중독으로 독성 간염에 걸리는 사고가 발생했습니다. 검찰은 사업장의 유해·위험요인을 확인해 개선하는 업무 절차를 마련하지 않는 등 두성산업이 사업장 특성을 고려한 안전보건관리체계를 구축하지 않아 중대산업재해가 발생했다고 판단했습니다. 이에 2022년 6월 두성산업과 대표이사 등을 중대재해처벌법 등 위반 혐의로 기소했습니다. 위 사건의 재판 과정에서 두성산업의 변호인이 2022년 10월 13일 창원지방법원에 중대재해처벌법에 대한 위헌법률심판제청을 했습니다. 중대재해처벌법의 위헌성에 관한 첫 신청입니다.

위헌법률심판의 의의

위헌법률심판이란 법원이 직권 또는 당사자의 신청에 따른 결정으로 헌법재판소에 국회에서 제정된 법률이 헌법에 합치하는지를 판단하는 제도입니다. 헌법재판소가 헌법에 위반된다고 판단할 경우 해당 법률은 효력을 상실하게 됩니다. 당사자의 신청에 따라 법원이 헌법재판소에 위헌법률심판을 제청한 경우, 심판 대상이 된 법률과 관련 소송사건의 재판은 헌법재판소의 결정이 있을 때까지 정지됩니다. 헌법재판소는 심리를 통해 위헌심판제청이 이유 있다고 판단하는 경우, 심판 대상이 된 법률 전부 또는 일부 법률 조항에 대해 위헌결정을 선고할 수 있습니다. 단순 위헌결정 외에 헌법불합치결정, 한정위헌·한정합헌결정을 할 수도 있습니다. 위헌결정이 내려지면

> 66
> 두성산업은 사고 원인과 별개로 중대재해처벌법상 '안전보건 관계 법령'의 의미가 헌법상 '명확성의 원칙'에 어긋난다고 보고 있다. 이 때문에 근로기준법과 파견근로자보호법 등을 포함한 40개 법령이 관계 법령에 해당할 수 있다는 지적이 나온다.
> 99

이 사건에서 문제 된 것과 같은 형벌에 관한 법률 또는 법률 조항은 소급해 효력을 상실하게 됩니다. 정지된 사건의 경우 처벌 근거 법률이 없어지므로 해당 법률 위반에 관해 무죄가 선고될 확률이 높습니다. 물론 위헌법률심판과는 무관한 형법상 과실치상죄의 성립 여부는 별도로 판단될 것입니다.

만약 법원이 두성산업 및 그 변호인단의 위헌법률심판제청 신청을 기각할 경우 이들은 기각결정을 통지받은 날부터 30일 이내에 헌법소원 심판청구를 할 수 있습니다. 추후 헌법소원 인용으로 법률 또는 법률 조항이 위헌으로 선고된다면, 중대재해처벌법 위반 사건은 이미 확정됐더라도 재심 청구를 통해 무죄를 선고받을 가능성도 있습니다.

두성산업 변호인단의
위헌법률심판제청 신청의 요지

창원지방법원은 2022년 12월 현재 두성산업 사건에서 제기된 중대재해처벌법에대한 위헌법률심판제청 신청에 대해 결정을 내리지 않은 상태

입니다. 아래에서 변호인단의 제청 신청 취지를 분석해보고, 이와 관련된 학계 및 노동계의 여론도 살펴보도록 하겠습니다.

두성산업의 변호인단은 중대재해처벌법 제4조 제1항 제1호, 제6조 제2항이 헌법상 명확성의 원칙과 과잉금지원칙, 평등원칙에 위배된다고 주장하고 있습니다.

먼저 중대재해처벌법 제4조 제1항은 "사업주 또는 경영책임자등은 사업주나 법인 또는 기관이 실질적으로 지배·운영·관리하는 사업 또는 사업장에서 종사자의 안전·보건상 유해 또는 위험을 방지하기 위해 그 사업 또는 사업장의 특성 및 규모 등을 고려해 다음 각호에 따른 조치를 해야 한다"라고 규정하고 있습니다.

제1호에선 안전 및 보건 확보의무로서 '재해예방에 필요한 인력 및 예산 등 안전보건관리체계의 구축 및 그 이행에 관한 조치'를 열거하고 있습니다. 이에 대해 변호인단은 동조 동항 동호에서 규정한 '실질적으로 지배·운영·관리하는 사업 또는 사업장', '재해예방에 필요한 인력 및 예산 등 안전보건관리체계의 구축 및 그 이행에 관한 조치' 등의 의미가 모호하고 불명확해 자의적 법해석이나 법집행이 이루어질 수 있으므로 위헌이라고 주장했습니다.

또한 중대재해처벌법 제6조 제1항은 "제4조를 위반해 중대산업재해에 이르게 한 사업주 또는 경영책임자등은 1년 이상의 징역(최대 30년) 또는 10억원 이하의 벌금에 처한다"라고 규정하고 있습니다. 이에 관해 두성산업 변호인단은 위 형사책임 규정은 책임과 형벌 간 비례 원칙을 포함하는 침해의 최소성 원칙, 법익 균형성의 원칙 등을 충족하지 못해 과잉금지원칙을 위배한다고 주장합니다.

한정위헌
법률 자체의 효력은 없애지 않되 법을 놓고 여러 해석이 가능할 때, 특정한 해석 기준을 제시함으로써 위헌적 해석 여지를 없애기 위한 결정을 말한다.

마지막으로 변호인단은 다른 법률과 비교하더라도 중대재해처벌법은 법정형이 지나치게 높아 평등원칙에 위배된다고 보고 있습니다. 변호인단은 교통사고처리특례법을 예로 들었습니다. 음주 운전으로 피해자를 사망에 이르게 한 경우 5년 이하의 금고 또는 2000만원 이하의 벌금을 부과합니다. 반면 중대재해처벌법에서는 안전보건확보의무 위반으로 최대 30년의 징역형을 부과할 수 있다는 점을 지적했습니다.

경영계 vs. 노동계 대립

학계 및 기업에선 중대재해처벌법 입법 단계에서부터 위헌 논란이 끊이지 않았습니다. 두성산업의 변호인단이 지적한 것과 같이 △법률상 안전·보건 관계 법령에 따른 의무이행에 필요한 관리상의 조치의무가 명확하지 않고 △하위 법령인 시행령이나 고용노동부 해설서조차도 그 범위가 명확하게 특정되지 않아 위임입법의 한계를 벗어났을 뿐 아니라 △죄형법정주의 명확성의 원칙에도 반한다는 것이 주된 논거입니다. 행위자로서는 자신이 구체적으로 어떠한 행위를 해야 하는지 알지 못함에도 불구하고, 그 행위를 하지 않았다는 이 유로 무거운 형사처벌을 받는 것은 부당하다는 주장입니다.

반면, 노동계 측은 위헌법률심판제청에 대해 경영책임자를 처벌하고자 제정된 중대재해처벌법의 입법 목적을 무력화하려는 시도라고 비판하고 있습니다. 일례로 민주노총이 개최한 긴급 토론회에서 한 변호사는 "중대재해를 야기한 행위보다 음주 운전으로 사망사고를 일으킨 것이 죄질이 더 무겁다며 중대재해처벌법의 법정형이 지나치게 높다고 주장하는 부분은 충격적"이라며 "중대재해에 대한 기업의 시각을 단적으로 보여준다"라고 비판했습니다.

이처럼 중대재해처벌법의 위헌성에 대한 입장이 첨예하게 대립하는 상황에서 향후 법원과 헌법재판소가 어떤 판단을 내릴지 주목됩니다. 한편 두성산업 사건에서 법원과 헌법재판소의 각 결정은 현재진행 중인 중대재해처벌법 수정 논의에도 영향을 미칠 전망입니다. 국회에서도 중대재해처벌법의 입법 목적을 달성하기 위해 명확성의 원칙에 반하지 않도록 법률에 따른 작위 의무를 명확하게 정비할 필요가 있습니다.

SECTION 1　Issue ⑤

중대재해 발생 시 따르는 각종 제재와 대응 방안

중대재해 발생 시, 고용노동부 장관은 해당 사업장에 개선명령, 사용 중지·작업 중지 명령 등 각종 제재를 내릴 수 있습니다. 그뿐 아니라 사업주는 입찰 참가 자격이 제한되는 등 불이익을 받을 수 있으며, 시정명령 등에 따른 구체적 조치 의무와는 별개로 추가적 안전보건개선의무를 부담할 수 있습니다.

사용 중지 및 작업 중지 명령

중대재해가 발생하면 고용노동부 장관은 사업장 등을 조사해 건설물, 기계·설비 등의 사용 중지, 대체, 제거, 시설 개선 등 안전보건상 필요한 조치를 명할 수 있고(산업안전보건법 제53조 제1항), 사업주가 이러한 명령을 이행하지 않아 유해·위험 상태가 해소 또는 개선되지 아니하거나 근로자에 대한 유해·위험이 현저히 높아질 우려가 있는 경우에는 해당 기계·설비 등과 관련된 작업의 전부 또는 일부의 중지를 명할 수 있습니다(법 제53조 제3항).

사업주는 시정조치를 완료한 경우 사용 중지 또는 작업 중지 해제를 요청할 수 있고(법 제53조 제4항), 고용노동부 장관은 시정조치가 완료됐다고 판단되는 경우 사용 중지·작업 중지명령을 해제해야 합니다(법 제53조 제5항). 따라서 사용 중지·작업 중지를 신속하게 해제하기 위해 사업주는 중대재해 발생 원인을 정확하게 파악하고 시정조치 등 안전보건을 위한 조치를 신속하게 시행해야 합니다.

입찰참가자격 제한 및 영업정지 처분

동시에 2명 이상의 산업재해가 발생한 사업장, 근로자가 사망하거나 부상당하거나 인근 지역 주민이 인적 피해를 입을 수 있는 유해·위험 설비에서의 누출·화재·폭발 사고가 발생한 사업장에 대해서는 고용노동부 장관(실무상 관할 고용노동청)이 관계 행정기관 또는 공공기관에 영업정지 내지 입찰 참가 자격 제한 등을 요청할 수 있습니다.(산업안전보건법 제159조 제1항, 시행령 제110조, 시행규칙 제238조), 건설산업기본법 제82조 제1항 제7호에 의한 영업정지, 국가를 당사자로 하는 계약에 관한 법률 제27조, 지방자치단체를 당사자로 하는 계약에 관한 법률 제31조 및 공공기관의 운영에 관한 법률 제39조에 따른 입찰 참가 자격 제한의 처분이 이에 해당됩니다(법 제159조 제1항). 입찰 참가 자격 제한이나 영업정지의 효력을 다투는 방안으로는 행정심판이나 행정소송으로 해당 처분의 취소를 구하는 방안이 있습니다.

추가적인 안전보건개선의무

고용노동부 장관은 사업주가 안전보건조치의무를 이행하지 않아 중대재해가 발생한 사업장 등에 대해 산업재해 예방을 위해 종합적인 개선조치를 할 필요가 있는 경우 안전보건개선 계획의 수립·시행을 명할 수

중대산업재해가 발생한 법인 또는 기관의 경영책임자등에게 총 20시간 범위에서 안전보건교육 실시 의무를 부과하고 있으며, 정당한 사유 없이 이를 이행하지 않은 경우에는 5000만원 이하의 과태료에 처할 수 있다.

오세훈 서울시장이 2022년 2월 24일 시청 3층 대회의실에서 열린 '안전보건관리책임자 의무교육'에 참석해 인사말을 하고 있다.

있습니다(산업안전보건법 제49조, 시행규칙 제60조). 이때 사업주는 안전보건개선 계획을 60일 이내에 수립해 사내 산업안전보건위원회의 심의를 거쳐 고용노동부 장관에게 제출해야 하므로(법 제50조, 시행규칙 제61조), 전문 자문기관의 자문을 받아 신속하게 제출할 필요가 있습니다. 한편 고용노동부 장관은 사업주가 안전보건조치의무를 이행하지 않아 중대재해가 발생한 사업장이나 안전보건개선 계획 수립 시행 명령을 받은 사업장에 대해 안전보건진단 기관이 실시하는 안전보건진단을 받을 것을 명할 수 있고(법 제47조), 사업주는 15일 이내에 안전보건진단을 의뢰해야 합니다(법 제47조 제2항, 시행규칙 제56조). 이러한 산업안전보건법상 개선 의무에 더해, 중대재해처벌법은 중대산업재해가 발생한 법인 또는 기관의 경영책임자등에게 총 20시간 범위에서 안전보건교육 실시 의무를 부과하고 있으며, 정당한 사유 없이 이를 이행하지 않은 경우에는 5000만원 이하의 과태료에 처할 수 있도록 규정하고 있습니다(중대재해처벌법 제8조, 시행령 제6조). 더불어 발생한 중대재해가 중대재해처벌법 제4조(사업주와 경영책임자 등의 안전 및 보건 확보의무)에 따른 의무를 위반해 발생한 중대산업재해일 경우, 고용노동부 장관은 이에 대해 사업장의 명칭, 발생 일시와 장소, 재해의 내용 및 원인 등 그 발생 사실을 공표할 수 있습니다

안전보건
근로자를 재해나 질병으로부터 보호하기 위해 직장의 안전과 보건을 확립하는 것을 말한다.

(중대재해처벌법 제13조, 시행령 제12조). 이 경우 회사의 브랜드 가치와 신뢰 손상을 최소화하기 위해서는 사고 발생 후 취재에 성실하게 임하고 정보 제공 내용에 오해가 없도록 회사의 주관하에 적절한 언론 대응이 필요하고, 회사의 언론 대응 라인을 통일해 사고 관련 임직원이 임의로 언론 취재에 응하지 않도록 조치할 필요가 있습니다.

경영책임자 대상 안전보건교육

위에서 설명한 바와 같이 중대재해처벌법에 따르면 중대산업재해가 발생한 법인 또는 기관의 경영책임자 등은 20시간 이내의 안전보건교육을 이수해야 합니다(중대재해처벌법 제8조, 시행령 제6조). 이에 따라 2022년 6월 고용노동부는 중대산업재해가 발생한 기업의 대표자들을 대상으로 이틀에 걸쳐 온라인 6시간, 집체교육 6시간 총 12시간의 교육을 실시했습니다.

이 같은 경영책임자에 대한 교육은 중대재해처벌법에 대한 유무죄 판결이나 안전보건확보의무 위반 여부와 관계없이 사업장에서 중대산업재해가 발생했다는 점 자체만으로 해당 사업장의 대표이사가 교육 의무 대상이라는 점 및 이로 인해 대외적으로 법 위반 기업으로 오인될 여지가 있다는 점에서 비판이 제기될 수 있고, 위헌 여부에 대한 논쟁의 소지도 있을 것으로 사료됩니다.

중대재해처벌법 위반죄 기소 사례

2022년 1월 27일 중대재해처벌법이 시행된 이후, 2022년 10월 23일까지 중대재해처벌법 위반 혐의로 입건된 사건은 총 64건이고, 그중 24건이 기소 의견으로 검찰에 송치됐습니다. 검찰은 2022년 11월 30일 기준으로 24건 중 6건에 대하여 중대재해처벌법위반죄로 기소했다고 발표했습니다. 위 중대재해처벌법 위반죄로 기소한 6건을 중심으로 사건의 개요와 시사점을 살펴보겠습니다.

유독성 물질 급성중독 사건

2021년 9월부터 2022년 2월에 걸쳐 유독성 물질(트리클로로메탄)이 들어간 세척제를 사용한 서로 다른 2개의 부품 제조업체(자동차 부품 제조업체 A사, 에어컨 부품 제조업체 B사)에서 총 29명의 소속 근로자에게 독성 간염 증상이 발병했습니다.
검찰은 A사 대표에 대해서는 유해화학물질 취급 사업장의 경영책임자로서 유해·위험 요인을 확인해 개선하는 업무절차 마련 등 안전보건관리체계를 구축하지 않았고, 최소한의 보건 조치인 국소 배기 장치도 설치하지 않아 근로자들이 독성간염에 이른 사실이 인정된다며, 중대재해처벌법 위반죄 등으로 불구속 기소했습니다.
한편 B사 대표에 대해서는 안전·보건에 관한 종사자의 의견 청취, 유해·위험 요인 확인 및 개선 절차를 마련하고, 재해 예방 필요 예산을 편성하는 등 법에서 정한 안전보건관리체계를 구축한 사실이 인정된다며 중대재해처벌법 위반 혐의는 불기소 처분했습니다. 다만, 작업장에 성능이 저하된 국소 배기 장치를 방치한 탓에 근로자들이 독성 간염에 걸리게 한 혐의를 인정해 산업안전보건법 위반죄 등으로 불구속 기소했습니다.
이 사건은 경영책임자가 안전보건관리체계를 적절히 구축한 경우 중대재해 사고가 발생하더라도 중대재해처벌법 위반 혐의에 대해 불기소 가능성을 보여주는 사례로 의미가 있습니다. 한편 A사 대표는 2022년 10월 중대재해처벌법에 대한 위헌법률심판을 제청했는데, 위헌법률심판 제청 경과와 이에 따른 타 사건에의 영향도 주시할 필요가 있습니다.

고소 작업대 추락 사건

2022년 3월 29일 공장 신축공사 현장에서 원청 C사로부터 하도급을 받은 D사 소속 근로자가 11m 높이의 볼트 체결 작업을 위해 고소 작업

급성중독으로 인한 직업성 질병자 16명이 발생한 것과 관련해 2022년 2월 18일 고용노동부 부산지방고용노동청과 창원지청이 경남 창원시 의창구에 위치한 두성산업을 압수수색했다. 사진은 고용부 직원이 압수품을 옮기는 모습.

대를 상승시킨 후 안전대를 걸지 않은 채 고소 작업대를 벗어나 작업하던 중 추락해 사망했습니다.

검찰은 C사 대표가 ① 안전보건 경영방침 마련 ② 유해·위험 요인 확인 및 개선 업무 절차 마련 ③ 안전보건관리 책임자 등의 업무 수행 평가 기준 마련 ④ 하도급 업체의 안전보건확보조치 준수 여부 판단 기준과 절차 마련과 같은 4가지 안전보건확보의무를 이행하지 않았고, 만일 위 4가지 안전보건확보의무를 이행했다면 본건 사고발생의 원인이 된 위험 요인을 사전에 충분히 제거할 수 있었을 것이라는 이유로 C사 대표를 중대재해처벌법 위반(산업재해치사)죄로 기소했습니다.

이 사건은 하청업체 소속 근로자의 사망에 대해 기존 산업안전보건법 체제하에서는 사고의 책임을 물을 수 없었던 원청 대표이사를 중대재해처벌법 위반죄로 기소한 첫 사례로 의미가 있습니다. 특히 원청이 협력 업체의 산업재해 예방을 위한 조치와 기술에 관한 평가 기준 및 절차를 마련하지 않은 점, 사고 발생과의 인과관계를 인정했다는 점에서 공사 일부를 하도급하는 원청의 경우 중대재해처벌법 시행령이 정하는 9가지 안전보건관리체계 구축 의무를 빠짐없이 이행할 필요가 있음을 시사합니다.

중대재해처벌법 기소 사례

구분	A사	B사
사업장 규모	근로자 300여 명	근로자 700여 명
피해자 수	16명 급성중독	13명 급성중독
중대재해처벌법상 안전보건확보의무 조치 여부	X	O (위험성평가 실시, 예산편성, 분기별 산업안전보건위원회 실시 등)
국소 배기 장치 설치 여부	X	O
유해·위험 요인 개선 여부	X	O (국소 배기 장치 보수 등 실시)
노동청 송치 의견	산업안전보건법: 기소 중대재해처벌법: 기소	산업안전보건법: 기소 중대재해처벌법: 기소
검찰 처분	산업안전보건법: 기소 중대재해처벌법: 기소	산업안전보건법: 기소 중대재해처벌법: 불기소

자료: 법무법인(유) 광장

선박 보수공사 중 추락 사건

2022년 2월 19일 조선소 설비공사 현장에서 원청 E사로부터 하도급을 받은 F사 소속 근로자가 작업 중 추락 방호망, 안전대 부착 설비가 설치되지 않은 10m 높이 통로에서 추락해 사망했습니다.

검찰은 E사 대표가 ① 안전보건관리 책임자 등 업무 수행 평가 기준 마련 ② 종사자 의견 청취, 개선 방안 마련 ③ 하도급 업자 안전보건 관리 비용에 관한 기준 마련과 같은 3가지 안전보건확보의무를 이행하지 않았다고 밝히며, E사 대표를 중대재해처벌법 위반(산업재해치사)죄로 기소했습니다. 한편 E사는 중대재해처벌법 시행일인 2022년 1월 27일 자로 안전보건 담당 임원(CSO)을 선임했고 수사 과정에서도 해당 CSO가 경영책임자라고 주장했으나, 검찰은 압수수색 등을 통해 수

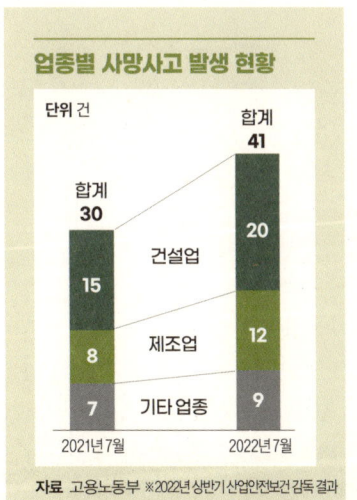

업종별 사망사고 발생 현황

자료: 고용노동부 ※2022년 상반기 산업안전보건 감독 결과

집한 증거에 따라 대표이사가 안전보건확보에 대한 실질적·최종적 결정권을 행사했다는 이유로 대표이사를 기소했습니다.

이 사건은 CSO 선임에도 불구하고 대표이사를 경영책임자로 보아 중대재해처벌법 위반죄로 기소한 첫 번째 사례입니다. 또한 일반적인 중대재해 사건에서 핵심적 수사 사항인 유해·위험 요인 점검 관련 의무 위반은 혐의로 구성하지 않고 안전보건관리책임자 등 업무 수행 평가 기준 마련과 같은 별개의 의무 사항 위반으로 혐의를 구성했다는 점도 주목할 만합니다. 고용노동부는 중대재해처벌법의 시행 취지상 CSO가 아닌 대표이사를 경영책임자로 특정하는 경향이 있고, 검찰도 위 사건에서는 고용노동부와 동일한 견해를 토대로 대표이사를 기소한 바, 노동청과 같은 입장을 견지하고 있던 것으로 보입니다.

철강 제조 공장 방열판 낙하 사건

2022년 3월 철강 제조 공장에서 원청 G사로부터 설비 보수를 하도급받은 H사(2014년 이후 8년간 G사 사업장에 상주) 소속 근로자가 섬유벨트가 끊어지며 크레인에서 떨어진 방열판(약 1.2톤)에 부딪혀 사망했습니다. 검찰은 G사 대표가 ① 안전보건관리 책임자 등의 업무 수행 평가 기준 마련 ② 하도급 업체의 안전보건확보조치 준수 여부 판단 기준과 절차 마련과 같은 2가지 안전보건확보의 무를 이행하지 않아 하청 근로자를 사망에 이르게 했다며, G사 대표를 중대재해처벌법 위반(산업재해치사)죄로 기소했습니다.

이 사건은 일시적 하도급거래가 아닌 장기간 원청 내에 상주한 협력 업체 근로자 사망과 관련해 원청 대표이사를 기소한 사례로, 사내 상주 협력업체 근로자들에 대한 원청의 안전관리·감독 강화 필요성을 보여주는 사례입니다. 또한 수사기관은 중대재해처벌법상 의무이행과 관련해 '유해·위험 요인 확인 및 개선 절차(중대재해처벌법 시행령 제4조 제3호)'를 적절히 이행했는지와 사고 발생 원인에 대한 위험도 분석 및 개선 대책을 마련했는지를 핵심 쟁점으로 삼는 경향이 있는데, 본건은 '유해·위험요인 확인 및 개선 절차' 이외에 의무이행 미흡을 이유로 기소한 사례입니다. 중대재해처벌법 시행령에서 정하는 9가지 안전보건확보의무를 빠짐없이 모두 이행하는 것이 중요할 뿐만 아니라, 그 중 위험성평가 실시와 같은 핵심 사항에 대해서는 더욱 신중한 대응이 필요합니다.

건설공사 중 철근 낙하 사건

2022년 3월 상가 신축 공사 현장에서 원청인 I사로부터 철근콘크리트 공사를 하도급받은 하청업체 J사 소속 근로자가 크레인에서 떨어진 철근(약 190kg)에 맞아 사망했습니다.

> 중대재해처벌법이 시행됐음에도 위험 요인을 방치하는 등 안전 및 보건 확보의무를 이행하지 않는 경영책임자가 있다면 엄정하게 책임을 물을 수 있다.

한편 2022년 5월 요양병원 증축 공사 현장에서는 원청 K사로부터 철골공사를 하도급받은 L사 소속 근로자가 안전대 없이 5층(약 16.5m)에서 앵글을 옮기던 중 추락해 사망했습니다. 검찰은 원청 I사, K사 대표 각각에 대해 유해·위험 요인 등 확인·개선 절차 마련 등의 안전보건확보의무를 이행하지 않았다며, 중대재해처벌법 위반(산업재해치사)죄로 각각 기소했습니다. 두 사례는 모두 건설공사 현장에서 하청업체 소속 근로자에게 발생한 사망사고로 기존 산업안전보건법체제하에서는 책임을 물을 수 없었던 원청 대표이사에게 책임을 물은 사례입니다. 중대재해처벌법 시행 이후에도 건설공사 현장에서 사망사고는 크게 줄지 않은 바, 중대재해처벌법의 입법 취지에 비춰 건설공사 현장과 관련해 더욱 엄격한 안전보건확보의무 미이행 관련 수사와 처분이 이루어질 가능성이 커졌습니다.

Survey — 중대재해처벌법 시행 100일 기업 실태

기업들의 대응 동향

중대재해처벌법 시행 이후 기업들의 대응 동향을 살펴봤습니다. 중대재해처벌법이 시행된 2022년 1월 27일부터 2024년 1월 26일까지 상시 근로자 수가 50명 미만인 사업 또는 사업장에 대해 중대재해처벌법이 공포된 후 3년이 경과한 날인 2024년 1월 27일부터 중대재해처벌법이 적용되는데(중대재해처벌법 부칙 제1조 제1항), 이처럼 일정 기간 적용이 유예된 대상 기업의 수는 약 78만 3000개사로, 2022년 1월 27일부터 중대재해처벌법이 적용된 50인 이상 기업의 수(약 4만 3000개)에 달합니다.

이러한 중소규모 사업장은 대부분 안전관리를 외부 민간기관에 위탁하고 있어 사업장의 실질적 안전 역량이 높지 않은 경우가 많다는 점, 중대재해 예방 및 위험성 감소를 위한 안전보건관리체계 구축 및 제도화에는 상당한 시간이 소요된다는 점 등을 고려하면 상시근로자 수가 5인 이상 50인 미만인 사업장의 경우에도 안전보건관리체계를 신속히 구축할 필요가 있습니다.

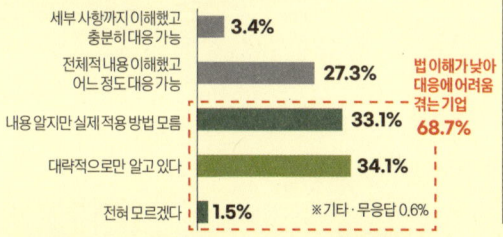

중대재해처벌법 이해 수준
- 세부 사항까지 이해했고 충분히 대응 가능: 3.4%
- 전체적 내용 이해했고 어느 정도 대응 가능: 27.3%
- 내용 알지만 실제 적용 방법 모름: 33.1%
- 대략적으로만 알고 있다: 34.1%
- 전혀 모르겠다: 1.5%
- ※기타·무응답 0.6%
- 법 이해가 낮아 대응에 어려움 겪는 기업: 68.7%

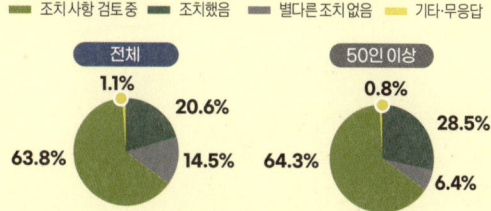

중대재해처벌법 시행에 따른 대응조치 여부
범례: 조치 사항 검토 중 ■ 조치했음 ■ 별다른 조치없음 ■ 기타·무응답

전체: 63.8% / 20.6% / 14.5% / 1.1%
50인 이상: 64.3% / 28.5% / 6.4% / 0.8%

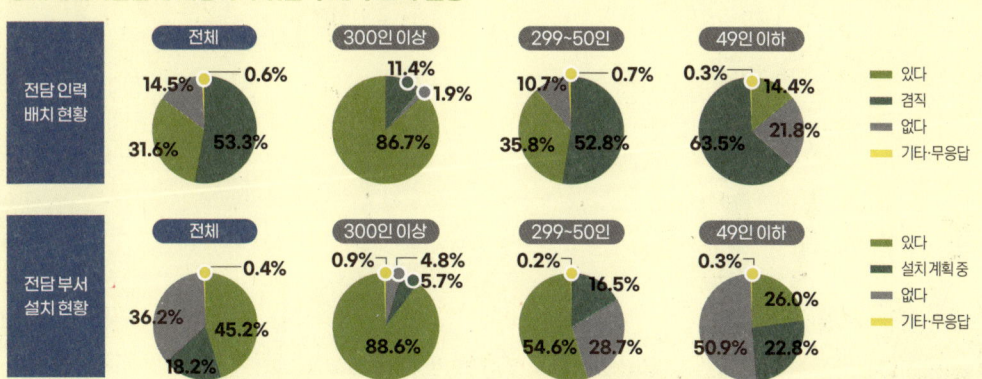

중대재해처벌법에 대응하기 위한 구체적 조치 현황

전담 인력 배치 현황 (있다 / 겸직 / 없다 / 기타·무응답)
- 전체: 53.3% / 31.6% / 14.5% / 0.6%
- 300인 이상: 86.7% / 1.9% / 11.4%
- 299~50인: 52.8% / 35.8% / 10.7% / 0.7%
- 49인 이하: 21.8% / 63.5% / 14.4% / 0.3%

전담 부서 설치 현황 (있다 / 설치 계획 중 / 없다 / 기타·무응답)
- 전체: 45.2% / 18.2% / 36.2% / 0.4%
- 300인 이상: 88.6% / 5.7% / 4.8% / 0.9%
- 299~50인: 54.6% / 28.7% / 16.5% / 0.2%
- 49인 이하: 22.8% / 50.9% / 26.0% / 0.3%

자료: 대한상공회의소 ※5인 이상 기업 930개사 대상

SECTION 2

REPORT

제조업에서 꼭 알아야 할 안전 활동

최근 5년간 50인 미만 중·소규모 사업장에서 767명(75.4%)이 사망하는 사고가 발생했습니다. 이 중 254명(33.1%)은 지게차, 크레인, 컨베이어 등 12대 기인물에 의해 사망했습니다. 기인물별 핵심 안전조치를 숙지하는 것만으로도 큰 사고를 예방할 수 있습니다.

자료 고용노동부, 안전보건공단 ※사망자 수 최근 5년

22명 사망
지붕·대들보(떨어짐)
- 구명줄 안전대 체결
- 구명줄, 작업줄 등 2개 고정점 설치

61명 사망
지게차(깔림, 부딪힘)
- 지게차 전용 운행 통로 확보
- 후방 영상 장치 설치

10명 사망
분쇄·파쇄기(끼임)
- 정비·보수·점검 작업 시 운전 정지
- 비상정지 장치 설치

SECTION 2   Case ①

기계식주차장 사고

최근 3년간 43건의 사고로 6명 사망… 전체 사고의 58.1%가 관리자·이용자 부주의

수리 중이던 기계식주차장서 차량 추락… 20대 숨져

대구 한 상가건물 기계식주차장에서 차량이 추락하면서 20대 운전자가 숨졌다.
대구경찰청 등에 따르면 2022년 5월 7일 오후 5시 58분께 대구 북구 관음동 한 상가건물에서 수리 중이던 기계식주차장으로 진입한 차량이 지하 4층으로 떨어졌다.
이 사고로 20대 여성 운전자 A씨가 심정지 상태로 발견돼 끝내 숨졌다.

해당 기계식주차장은 보유 면수가 20대를 넘어 관리인이 의무적으로 있어야 한다.
하지만 사고 당시 현장에는 관리인이 없었던 것으로 경찰은 파악했다.
경찰은 현장 폐쇄회로(CCTV) 등을 분석해 정확한 사고 경위와 관리 소홀 여부 등을 조사하고 있다.

연합뉴스

주차장 사고는 빈번히 일어나는 재해사고 중 하나입니다. 특히 주차 공간이 협소해 설치한 기계식주차장에서 일반 운전자들이 조작 미숙, 기계 고장 등으로 사망하는 사고뿐 아니라 정비 작업 중 작업자가 추락해 사망하는 사고도 종종 발생하고 있습니다.

2022년 10월 경기도 소재 건물 신축 공사장의 기계식주차장에서 청소 담당 근로자가 차량용 승강기에 깔려 사망하는 사고가 있었습니다. 당시 청소 작업 중인 재해자가 있는 줄 모르고 다른 작업자가 기계식 주차 리프트를 가동해 사고가 난 것으로 추정됩니다. 앞서 같은 해 1월에도 기계식주차장 3층에서 떨어진 차량으로 인해 정비 인력이 사망한 사고가 있었습니다. 그 외에도 차량 운전자가 주차 과정에서 추락하는 사고도 종종 발생하고 있는 상황입니다.

한국교통안전공단이 기계식주차장 사고를 분석한 결과 최근 3년간 43건의 사고로 6명의 사망자가 발생했습니다. 전체 사고의 58.1%가 관리자와 이용자 등의 부주의로 인한 인적요인으로 나타났습니다.

이와 같은 기계식주차장 사고를 방지하기 위해 법률은 어떤 규정을 마련하고 있을까요. 먼저 주차장법은 기계식주차장의 설치 기준을 법령으로 정하고 있고, 안전도 인증 검사를 받을 것을 의무화하고 있습니다(법 제19조의 2). 주차장법은 수용할 수 있는 자동차가 20대 이상인 기계식주차장에 대해 법정 교육을 받은 사람을 기계식주차장치 관리인으로 두도록 정하고 있습니다. 또한 기계식주차장관리자 등은 주차장 이용자가 육안으로 쉽게 확인할 수 있도록 기계식주차장치를 작동하기 위한 스위치 근처에 안내

기계식 주차장
전용 기계를 사용해 자동차를 반송, 격납하는 주차 시설을 말한다.

문을 붙여야 합니다(법 제19조의 20).

다만 위와 같은 법률 규정에도 불구하고 여전히 기계식주차장 사고가 이어지고 있습니다. 기계식주차장은 주로 중소 규모 건물에 많이 설치돼 있습니다. 따라서 상시근로자 5인 이상 사업장에도 중대재해처벌법이 확대 적용되는 2024년 1월 27일 이후 관련 사고에 대해 더 많은 중대재해처벌법 수사가 이뤄질 것으로 예상됩니다.

위와 같은 기계식주차장 사고 예방에 대해 어떤 중대재해처벌법상의 안전보건확보의무를 부담하게 될까요?

먼저 기계식주차장의 소유자는 자신이 직접 관리하거나 관리인을 두는 경우 모두 실질적 지배·운영·관리의 주체로서 중대재해처벌법 제4조 또는 5조에 따라 책임을 부담할 것으로 판단됩니다. 다음으로 주차장 관리업체가 위탁받아 기계식주차장을 관리할 경우에는 해당 업체 역시 중대재해처벌법상의 책임을 부담할 수 있을 것입니다. 다만 기계식주차장 관리업체가 책임을 부담할 경우에 소유자도 책임을 부담할 것인지는 구체적 관리 형태에 따라 판단이 달라질 수 있습니다.

이에 기계식주차장 소유자나 관리인은 중대재해처벌법 준수와 관련해 아래 내용을 유의할 필요가 있습니다.

먼저 기계식주차장에서 이뤄지는 모든 작업 유형에 대해 위험성평가 또는 유해·위험 요인 확인 및 개선 절차를 마련하고, 이를 실시해야 합니다. 또한 기계식주차장의 정비업체, 청소업체 등과 용역·위탁 계약을 할 경우 중대재해처벌법 시행령 제4조 제9호에 따라 산업재해 예방을 위한 조치 능력과 기술에 관한 평가 기준·절차와 정비업체·청소업체의 안전·보건을 위한 관리 비용에 관한 기준을 마련해야 합니다. 그리고 그 기준과 절차에 따른 점검을 반기 1회 이상 실시할 필요가 있습니다.

마지막으로 기계식주차장 고장 및 정지 등의 사고가 있을 경우 작업 중지, 근로자 대피, 위험 요인 제거 등 대응조치를 위한 매뉴얼을 구체적으로 마련·정비하고 반기 1회 이상 점검해야 합니다.

> 2018년 1월부터 2022년 8월까지 기계식주차장에서 사상자가 발생하거나 자동차가 전복되는 등 중대 사고가 43건 발생했다. 그중 10건은 정밀 안전검사 결과 부적합 판정을 받은 곳에서 일어난 사고였다.

최근 3년간 기계식주차장 사고 원인

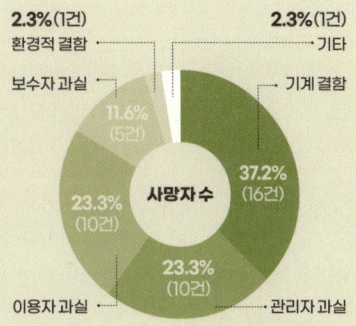

사망자 수
- 기계 결함 37.2% (16건)
- 관리자 과실 23.3% (10건)
- 이용자 과실 23.3% (10건)
- 보수자 과실 11.6% (5건)
- 환경적 결함 2.3% (1건)
- 기타 2.3% (1건)

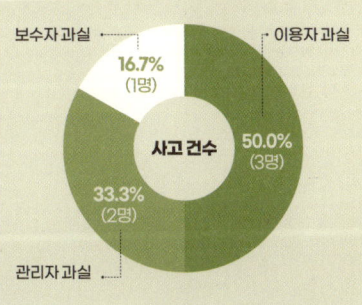

사고 건수
- 이용자 과실 50.0% (3명)
- 관리자 과실 33.3% (2명)
- 보수자 과실 16.7% (1명)

기간 2019년 1월 1일~2021년 12월 31일
자료 한국교통안전공단

SECTION 2 Case ②

철강 업체 사고

기본적인 안전 수칙 미준수가 부른 참사

철강제조 공장서 노동자 사망

2022년 5월 4일 오전 5시 34분께 철강제조 공장에서 A(58)씨가 지게차에 깔려 숨지는 사고가 났다.
공장 내 주변을 걷고 있던 A씨는 지게차 앞바퀴에 깔리면서 현장에서 사망한 것으로 파악됐다. 당시 지게차 운전자 B(50)씨는 4.5m 길이의 철강을 옮기는 작업 중인 것으로 조사됐다.

해당 사업장은 노동자 50명 이상이 일하는 사업장으로 중대재해처벌 등에 관한 법률(중대재해처벌법) 적용 대상인 만큼 고용노동부와 경찰은 이 법이나 산업안전보건법을 위반한 점이 있는지 확인하고 있다.

연합뉴스

2021년 9월 고용노동부 차관은 4개 철강사 및 한국철강협회 등과 함께 산업안전보건 리더회의를 개최했습니다. 이 자리에서 고용노동부 차관은 "철강산업은 대규모 장치산업으로 다수의 위험 기계, 화학물질을 활용하며 투입 인력도 많아 산재 발생 가능성이 크다"라고 지적하며 "2022년 1월 중대재해처벌법 시행에 앞서 기업이 스스로 위험 요인을 확인, 제거, 개선할 수 있는 안전보건관리체계를 구축할 수 있도록 안전 조직과 예산에 전폭적인 투자가 필요하다"라고 강조했습니다.

회의에서 고용노동부는 설비·기계 사용이 많은 철강산업에서는 철저하게 위험 요인을 확인해 작업계획을 수립하고, 계획을 이행하는 것과 더불어 원·하청업체가 동시에 작업하는 경우 위험 요인에 대한 정확한 사전 공유와 작업 중 소통하는 것이 가장 효과적 산재 사망사고 감축 대책이라고 설명했습니다(고용노동부 보도 자료, 2021년 9월 3일).

그리고 2022년 6월 2일 고용노동부 장관이 다시 철강업체 대표들과 만나 산업안전보건 리더회의를 개최했습니다. 2022년 5월 27일을 기준으로 산재 사망사고는 전년 대비 전체적으로 감소(276건→254건, ▽22건, ▽8%)했으나, 제조업에서만 사망사고가 증가(73건→78건, △5건, △6.8%)했습니다. 특히 철강업에서 2021년 12명의 근로자가 사망했는데, 2022년 5월까지 5명의 근로자가 철강업체 일터에서 목숨을 잃습니다.
2022년 철강업 사망사고 5건은 모

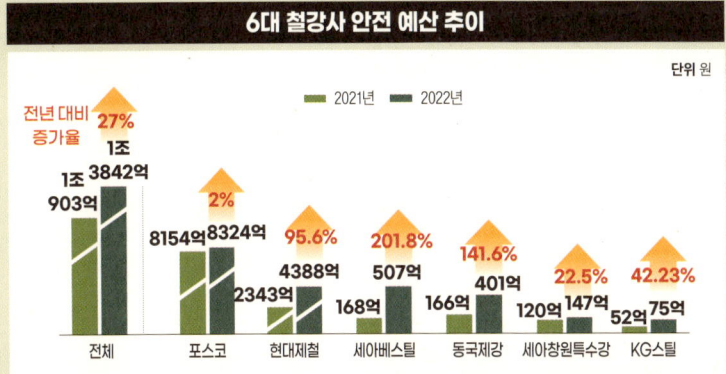

두 설비 설치·수리(3건), 자재 인양·운반작업(2건)에서 발생했습니다. 이러한 사고는 관리감독자가 없는 상태에서 작업계획서 수립, 정비 작업 전 설비 작동 중지 등의 기본적인 안전조치가 이뤄지지 않아 발생한 것으로 나타났습니다.

2022년 사고 원인을 보면 2021년에 고용노동부에서 지적하고 당부한 철저한 유해·위험 요인 확인과 작업계획 수립, 원·하청간 의사소통이 현장에서 전혀 지켜지지 않았다는 것을 알 수 있습니다.

한국철강협회와 안전보건공단에서 발행한 철강산업 중대재해사례집을 보면 2019년 12월 기준으로 금속 제조업 사고재해 발생 현황은 부상자 622명, 사망자 17명입니다. 철강산업은 원료와 제품, 설비 등이 모두 중후장대하고 고열을 사용하는 등 위험한 공정이 많지만 사고는 대부분 끼임, 추락, 화상, 부딪힘 등이며 그 원인은 작업계획서 미작성, 작업

기업이 스스로 위험 요인을 확인, 제거, 개선할 수 있는 안전보건관리체계를 구축할 수 있도록 안전 조직과 예산에 전폭적인 투자가 필요하다.

지휘자 미배치, 정비 등 작업 시 운전정지 미실시, 안전난간 미설치, 중량물 결속 부실, 작업 위험 범위 내 근로자 출입 시 운전정지 미실시 등 기본적인 안전 수칙을 준수하지 않아 발생하고 있습니다.

2022년 11월 3일 대검찰청 보도 자료에 따르면 창원지검에서 기소한 철강업체 중대재해 사고도 원청사로부터 설비 보수를 하도급받은 협력 업체 소속 근로자가 크레인에서 떨어진 방열판(약 1.2톤)에 부딪혀 사망

한 것입니다. 이 사고로 하청업체 대표는 안전보건규칙상 중량물 취급계획서를 작성하지 않고 방열판을 인양하는 크레인에 노후화된 섬유벨트를 사용한 과실로, 섬유벨트가 끊어지면서 떨어진 방열판에 부딪힌 피해자가 사망에 이르게 했다는 이유로 산업안전보건법 위반과 업무상과실치사 혐의로 기소했습니다. 원청사와 그 대표이사는 중대재해처벌법과 산업안전보건법 위반으로 기소 됐는데 ① 안전보건관리책임자 등 업무수행 평가 기준 마련 ② 하도급업자의 산업재해 예방을 위한 조치 능력과 기술에 관한 평가 기준 마련을 제대로 하지 않았다는 게 이유입니다.

2022년 철강업 산업안전보건 리더 회의에서 고용노동부 장관은 "기존의 방식을 고집해서는 절대 사망사고를 줄일 수 없으며, 사망사고 예방을 위해서는 경영체계에 안전 의식을 내재화해 경영과 안전이 같은 방향으로 나아가도록 기업 DNA를 바꿔야 한다"라며 "내재화된 안전 의식을 바탕으로 중대재해처벌법에 따른 자율적 사고 예방체계를 구축·이행하고, 이러한 체계가 차질 없이 작동할 수 있도록 안전에 대한 투자도 대폭 확대해주시기 바란다"라고 당부했습니다. 철강업계에서의 재해사고는 업종 특성상 중대재해로 이어질 가능성이 매우 높으므로, 타 업종보다 더 강화된 안전보건관리체계를 갖출 필요가 있습니다.

SECTION 2   Case ③

화학공장 사고

'비정형 작업' 과정에서 대형 화학 사고 발생 多

A사 공장서 폭발 사고… 1명 사망·9명 중경상

2022년 5월 19일 오후 8시 51분께 울산시 울주군 A사 ○○공장에서 폭발 화재 사고가 발생했다.
이 사고로 협력업체 직원 1명이 사망하고, 5명이 부상했으며, 원청 직원 4명이 다쳤다.
소방 당국은 부상자를 중상 4명, 경상 5명으로 집계했으며 대부분 화상 환자로 확인했다.
소방당국은 관할 소방서와 인접 소방서 인력과 장비를 동원하는 대응 2단계를 발령하고 소방차와 화학 차량 등 56대를 동원해 진화 작업에 나섰다.
이날 사고는 알킬레이션(부탄을 이용해 휘발유 옥탄값을 높이는 첨가제) 제조 공정에서 발생했다.
알킬레이션 추출 공정에 사용되는 부탄 압축 밸브 정비 작업을 하던 중 폭발이 나고, 화재가 이어진 것으로 추정된다.
부탄 압축 밸브에 오작동(고착)이 확인돼 이를 긴급 보수한 후 시운전하는 과정에서 사고가 일어난 것으로 알려졌다.
당시 작업에는 A사 관계자 14명, 협력 업체 직원 11명, 경비 업체 직원 1명 등 모두 26명이 투입됐던 것으로 확인됐다.
사고가 난 알킬레이션 시설은 하루 9200배럴을 생산할 수 있는 곳으로 A사가 총 투자비 1500억원을 들여 2009년 8월 완공했다.

연합뉴스

화학산업은 대규모 장치산업으로 고온·고압 공정을 위한 여러 가지 위험 기계를 사용하며, 다량의 유해화학물질이나 인화성 물질을 취급합니다. 이로 인해 화학공장에서는 추락, 끼임, 질식과 같은 재래형 사고뿐 아니라 유해화학물질 누출에 따른 인체 상해나 화재·폭발 등 대형 사고가 빈번하게 발생하고 있습니다.
화학공장의 대형 화학 사고는 유지·보수·점검·청소 등 비정형 작업 과정에서 발생하는 경우가 많아 이를 예방·관리하기가 비교적 어렵습니다. 그에 반해 화학물질로 인한 화재·폭발 사고는 다른 재해에 비해 인적·물적 피해가 매우 커서 중대산업 재해로 이어질 가능성이 크고, 만약 화학공장이 시설물안전법 적용 대상인 경우 사고로 인해 인근 주민들이 건강상 재해를 입었다면 중대시민재해가 인정될 가능성도 있습니다.
이러한 화학공장 사고의 위험성 때문에 중대재해처벌법 시행 이전부터 대규모 석유화학단지가 위치한 울산·전남 여수 등에서는 간담회 등을 통한 의견 수렴이 활발하게 진행됐고, 안전보건공단은 '화학 업종 중소기업을 위한 안전보건관리체계 자율 점검표'를 제작·배포했습니다. 기업들 역시 관리 역량을 강화하기 위해 내부 제도 개선, 자체 기준 강화, 시설 투자, 전문가 확대 등 다양한 조치를 실시했습니다.
그러나 정부와 업계의 노력에도 불구하고 2022년에는 여수국가산업단지 내 화학물질 누출·폭발 사고, 울산

석유화학단지 내 화재·폭발 사고와 같은 화학공장 사고가 잇따라 발생했습니다.

그로 인해 몇몇 기업을 대상으로 중대재해처벌법 위반 여부에 대한 수사가 진행되고 있으며, 고용노동부 울산지청과 안전보건공단 울산지역본부는 2022년 10월 20일 울산 지역 내 화학공장 73개소를 대상으로 화재·폭발 등 중대재해 예방을 위한 특별점검을 실시하겠다고 밝혔습니다. 울산 국가산업단지(1962년), 여수 국가산업단지(1967년), 대산 산업단지(1988년)와 같은 국내 대형 석유화학단지는 상당히 노후화돼 이에 대한 특별 관리가 필요하다는 지적도 나오고 있습니다.

화학공장 안전·보건 관계 법령

취급 설비 및 화학물질의 위험성으로 인해 화학공장에는 여러 안전·보건 관계 법령이 적용됩니다. 사업장 특성에 따라 일부 달라질 수 있지만 대부분의 화학공장에는 공통적으로 산업안전보건법, 화학물질관리법, 위험물안전법, 고압가스안전관리법, 화재의 예방 및 안전관리에 관한 법률, 소방시설 설치 및 관리에 관한 법률 등이 적용됩니다. 그리고 이러한 법률들은 그 제정 목적과 취지에 따라 각각 설비·기술 기준 준수, 안전 관련 계획서 작성, 안전관리자 선임, 안전교육 실시, 사고 발생 즉시 신고·통보 등 의무를 규정하고 있어 화학공장에는 여러 법률상 의무사항들이 중첩되어 적용됩니다. 따라서 화학공장의 경영책임자등은 각 법령상 의무이행 사항이 누락되지 않도록 목록 등을 마련하고, 사업장의 설비·인력·예산·교육 등이 법령상 기준을 만족시키는지를 꼼꼼하게 점검해야 합니다. 또한 작업절차서나 내부 매뉴얼 등에 관련 법령의 내용을 반영하는 것이 바람직합니다.

수급인 작업에 대한 철저한 관리

대부분의 화학공장에서 유지·보수·점검·청소와 같은 비정형 작업은 제3자에게 도급해 실시하고 있습니다. 그런데 실제 대형 화학 사고 발생 사례를 살펴보면, 공정의 정상 가동을 위한 작업에 비해 비정형 작업을 실시하는 과정에서 사고가 자주 발생한다는 점을 알 수 있습니다.

비정형 작업은 표준화·정형화된 작업이 아니므로, 그로 인한 위험 역시 사전에 포착하기가 어렵다는 특징이 있습니다. 이러한 점을 극복하기 위해서는 수급인의 위험성평가 결과 검토, 안전보건협의체 운영, 작업장 순회 점검 등을 통해 수급인 작업과 관련된 유해·위험요인을 발굴하고, 그에 대해 적절한 개선조치를 취할 수 있도록 해야 합니다. 경우에 따라서는 비정형 작업의 유형별로 작업절차서를 마련하거나 고위험 작업에 대한 작업허가제를 실시하는 방법도 고려할 수 있습니다. 또한 비정형 작업은 휴먼 에러(Human Error)로 발생하는 경우가 많습니다. 따라서 경영책임자등은 중대재해처벌법에 따라 수급인의 산업재해 예방을 위한 조치 능력과 기술에 관한 평가 기준 및 절차, 수급인의 안전·보건을 위한 관리비용에 관한 기준을 마련하고, 해당 기준을 만족하는 수급인과의 계약을 체결하도록 관리해야 합니다.

비정형 작업

작업 조건, 방법, 순서 등이 표준화된 반복성 작업이 아닌 작업의 조건 등이 일상적이지 않은 상태에서 이뤄지는 정비·청소·급유·검사·수리·교체·조정 등의 작업을 말한다.

> 원청은 하청업체 직원에게 안전에 관한 각종 정보를 제공해야 할 의무가 있다.

SECTION 2　　　　　　　　　　　　　　　　　　　　　　　　　　Case ④

유해화학물질 누출 사고

안전보건확보의무 이행을 위한 적극적 조치가 필요한 이유

'급성중독 16명' ○○산업 대표 중대재해법 위반 입건

고용노동부는 급성중독으로 인한 직업성 질병자 16명이 발생한 ○○산업 대표이사를 중대재해처벌법 위반 혐의로 입건했다고 밝혔다.

경남 창원에 있는 에어컨 부속 자재 제조업체인 ○○산업에서는 최근 제품 세척 공정 중 트리클로로메탄에 의한 급성 중독자가 16명 발생했다.

노동부는 2022년 2월 18일 ○○산업을 압수수색한 데 이어 2월 21일 오전 10시부터 트리클로로메탄 제조업체와 유통업체를 각각 압수수색했다. 제조업체는 경남 김해, 유통업체는 경남 창원에 있다.

○○산업 근로자 16명은 2월 16일간 기능 수치 이상 증세를 보여 급성중독 판정을 받았다. 근로자들은 세척제에 포함된 트리클로로메탄에 기준치보다 최고 6배 이상 노출된 것으로 조사됐다.

앞서 노동부는 ○○산업 대표이사를 산업안전보건법 위반 혐의로 입건했다. 이어 중대재해처벌법으로 추가 입건했다는 점은 경영책임자에게 요구되는 안전보건의무를 소홀히 한 점이 어느 정도 입증된 결과로 해석된다.

연합뉴스

현대의 산업안전보건 제도하에서 중금속, 유기화합물, 석면 등 각종 유해 물질이 인체에 미치는 영향은 잘 알려져 있습니다. 중대재해처벌법 제2조 제2호 다목에서는 "동일한 유해 요인으로 급성중독 등 대통령령으로 정하는 직업성 질병자가 1년 이내에 3명 이상 발생한 경우"를 중대산업재해에 포함시키고 있습니다. 중대재해처벌법 시행령(대통령령)에서 중대재해로 인정된 직업성질병 24가지 중 대부분은 화학물질이나 생물학적 유해 인자에 노출돼 발생한 질병에 해당합니다.

또한 직업성질병이 발생하는 경우가 아니라 유해화학물질로 인한 화재, 질식, 폭발 사고도 매우 위험한 중대재해 사고라고 할 수 있습니다.

중대재해처벌법 시행 후 발생한 유해화학물질 사고

밀폐공간에서의 가스중독이나 이산화탄소로 인한 질식사는 엄밀한 의미의 유해화학물질 노출 사고로 보기 어려우므로 여기서는 논외로 하겠습니다. 2022년 2월 중대재해처벌법이 발생된 이후 2022년 11월경까지 유해화학물질에 누출된 중대재

해 사고가 여러 차례 있었습니다. 그 중 근로자에게 급성중독 증세가 발생한 사고는 모두 2건으로, 총 29명의 근로자가 재해를 입은 것으로 알려져 있습니다.

경남 창원의 서로 다른 2개 회사(A사, B사)에서 비슷한 시기에 세척제에 들어간 유독성 물질인 트리클로로메탄('클로로포름'이라고도 부르는 무색의 휘발성 액체로, 주로 호흡기를 통해 흡수되며 고농도로 노출되면 간 손상을 일으킴)으로 인해 두 회사 소속 근로자 총 29명에게 급성중독 사고가 발생한 사건입니다. 세

척제 제조업체는 성분을 잘못 표시해 판매한 잘못을 범했습니다.
해당 사고는 주요 사고 원인이 외부(세척제 제조업체)에서 기인한 만큼 일반적 급성중독 재해 사례와는 다른 측면이 있습니다.
A·B사에 대해서는 같은 창원지방검찰청에서 수사했는데, 중대재해처벌법위반죄에 관해 상반된 결론이 나왔습니다(섹션 1의 '중대재해처벌법 위반죄 기소 사례' 참고).
반면 세척제 제조업체는 급성중독 증세를 보인 근로자들이 제조업체의 근로자가 아니라는 점, 세척제를 납품받은 A사 및 B사와 맺은 계약에 비춰볼 때 제조업체의 지배·관리 책임을 인정할 수 있는 도급 혹은 용역 관계가 아니라 단순한 매매계약에 불과하다는 점 등을 들어 중대재해처벌법 위반 혐의는 문제 삼지 않았습니다. 다만, 세척제 제조업체 대표는 유해화학물질관리법 위반 등으로 구속 기소됐다가 2022년 12월 보석으로 석방됐습니다. 한편 위 사건 외에도 2022년 4월에는 회로기판 제조공장에서 독성가스가 유출돼 8명이 다쳤고, 그 중 3명은 팔다리가 마비되는 등의 증상을 입었습니다. 또한 2022년 10월에는 제약회사에서 아세톤 누출로 인한 폭발사고로 1명이 숨지고 17명이 다치는 사고가 발생했습니다.

중대재해처벌법 관련 시사점

유해화학물질 누출 사고는 대개 작업자들이 인지하지 못한 사이에 발생한다는 점에서 그 어느 사고보다도 중대재해처벌법과 시행령에 규정된 안전보건확보 의무이행을 위한 적극적 조치가 필요합니다.
의무이행을 위해 적극 조치했을 경우 유해화학물질 노출에 의한 중대재해가 발생하더라도 중대재해처벌법 위반 혐의로 불기소할 가능성이 있습니다. 한편 성분을 잘못 표시해 세척제를 판매함으로써 사고의 중요한 원인을 제공한 세척제 제조업체는 중대재해처벌법 적용을 피했다는 점에서 법령을 보완해야 한다는 비판이 제기되고 있습니다.

유해화학물질 노출 사고 근절을 위한 산업 현장의 노력

위 급성중독 사고 발생 이후 고용노동부는 추가 사고 발생에 대응해 현재 제조업체가 제조한 세척제를 사용하는 업체 89곳에 대한 조사를 진행하고 16곳에 대해서는 임시 건강진단 명령을 내렸지만, 이는 사후 조치에 불과합니다.
유해화학물질 노출 사고 근절을 위해 정부는 법령 규정은 물론 관계 부처의 계도를 통해 사업주로 하여금 유해화학물질을 등록해 허가받은 후 사용하도록 하고, 각종 보건조치를 할 의무를 부과하고 있습니다. 또 물질안전보건자료(MSDS)를 작성해 제공하도록 하는 등의 노력을 기울이고 있습니다. 아울러 보다 철저한 이행과 정기적 감독 실시 등을 통해 관리감독을 더욱 강화할 필요가 있습니다.

물질안전보건자료 (MSDS)

화학물질의 명칭, 유해·위험성, 폭발·화재 시 방재 요령, 환경에 미치는 영향 등을 기록한 자료로, 이를 작업 현장에 비치함으로써 이 화학물질을 사용하는 근로자가 해당 물질에 대한 정보를 쉽게 접할 수 있도록 한다.

급성중독 관련 산업안전보건법과 중대재해처벌법 비교

구분	A사	B사
피해자 수	13명 급성중독	16명 급성중독
중대재해처벌법상 안전보건확보의무 조치 여부	O(위험성평가 실시, 예산 편성, 분기별 산업안전보건위원회 실시 등)	X
국소배기장치 설치 여부	O	X
유해·위험 요인 개선 여부	O(국소배기장치 보수 등 실시)	X
검찰 처분	산업안전보건법 위반: 기소, 중대재해처벌법 위반: 불기소	산업안전보건법 위반: 기소, 중대재해처벌법 위반: 기소

SECTION 2   Case ⑤

건설공사 현장 사고

건설공사 현장에서 발생하는 중대재해의 고유한 특성

○○건설 천안 현장서 사망사고… "○○그룹서만 6번째 중대재해"

○○건설이 시공하는 충남 천안시 소재 공사 현장에서 근로자가 사망하는 사건이 벌어졌다. 중대재해처벌법 시행 이후 ○○이앤씨에서는 4건, ○○건설에서 2건의 중대재해 사망사고가 발생하면서 ○○ 그룹에서만 6건의 중대재해 사고가 발생한 셈이다.
2022년 12월 12일 고용노동부에 따르면 지난 12월 10일 오후 3시 20분경 ○○ 북천안물류센터 개발사업 건설 현장에서 60대 하청업체 근로자 1명이 추락하는 사고를 당했다.
재해를 입은 근로자는 외벽 도장 작업을 위해 고소 작업대의 붐대를 내던 중, 탑승하고 있던 작업대가 흔들리며 8.5m 아래로 떨어졌

다. 병원으로 후송돼 치료 중이었지만 11일 사망에 이르면서 중대재해 사건으로 전환한 것이다. 해당 사업장은 중대재해법이 적용되는 사업장이다.
현재 대전청 광역중대재해관리과와 천안지청 산재예방지도과 근로감독관이 현장에 출동해 사고 내용 확인 후 근로자 안전 확보를 위한 작업 중지를 실시했다.
고용부는 "신속한 사고 원인 규명 작업과 함께 산안법 및 중대법 위반 사항을 엄중히 수사하고 있다"라고 밝혔다.

곽용희 기자 kyh@hankyung.com

2022년 10월 31일까지 발생한 산업재해 사망사고 총 534건(사망자 563명) 중 건설업에서 발생한 사망사고는 총 278건(사망자 290명)으로 전체 사망사고의 52%(전체 사망자의 51.5%)를 차지하고 있습니다.
고용노동부 장관은 2022년 4월 주요 건설사 안전보건 담당 임원과 간담회를 개최한 데 이어, 2022년 8월 주요 건설사 대표이사 간담회를 개최해 건설현장 안전관리 수준의 변화가 필요함을 재차 강조했습니다. 단 하나의 사고라도 줄이고자 노력

하고 있는 고용노동부 입장에서 건설공사 현장 중대재해는 핵심 관리 대상입니다.

건설공사 사고는 기본 안전수칙 위반이 대부분

고용노동부가 발표한 2021년 산업재해 사망사고 현황에 따르면, 건설업 사고사망자(417명) 중 떨어짐이 248명(59.5%)으로 가장 많았습니다. 이어 △부딪힘 37명(8.9%) △물체에 맞음 30명(7.2%) △깔림·뒤집힘 26명(6.2%) △무너짐 25명(6.0%) 순으로

나타났습니다.

예방 가능한 사고가 반복 | 사고 현황에서도 알 수 있듯, 건설공사 현장에서 발생하는 중대재해는 대부분 기본적인 안전 수칙 준수만으로도 충분히 예방 가능한 전형적 사고입니다. 특히 가장 높은 비율을 차지하고 있는 떨어짐 사고는 「산업안전보건기준에 관한 규칙」에 규정된 기본적인 안전조치(개구부 덮개 고정, 추락 방호망 설치, 안전대 부착설비 설치 및 안전대 체결 등)를 준수했다면 예방

2022년 시공능력평가 순위 10위 이내 건설사 사망사고

사고일	공사명	사망자(명)	재해 유형	재해 내용
2월 8일	업무시설, 연구시설 신축공사	2	추락	엘리베이터 케이지 위에서 작업 중 케이지가 낙하해 떨어짐
2월 16일	고속도로 건설공사	1	추락	사장교 슬래브 상부에서 개구부 밑으로 떨어짐
3월 13일	GTX 건설공사	1	맞음	전선을 지하로 풀어 내리던 중 떨어지는 전선 드럼에 맞음
4월 6일	지식산업센터 신축공사	1	끼임	회전하는 백호와 PRD 철골빔 사이에 끼임
4월 19일	주상복합 신축공사	1	추락	파단되어 낙하하는 와이어로프에 맞은 후 떨어짐
5월 13일	GTX 건설공사	1	맞음	숏크리트 타설 작업 중 탈락하면서 떨어진 숏크리트에 맞음
6월 1일	주상복합 신축공사	1	깔림	흙을 담고 스윙하던 굴착기의 버켓이 떨어지면서 깔림
6월 30일	공동주택 개발사업	1	익사	침수된 터파기 구간에서 작업 중 익사
7월 12일	주상복합 신축공사	1	깔림	터파기한 구간 바닥에서 굴착면이 붕괴되면서 토사에 깔림
7월 12일	공동주택 신축공사	1	끼임	인양 중인 갱폼과 옆 갱폼 사이에 끼임
8월 5일	지구 주거환경개선사업	2	맞음	펌프카 붐대가 꺾이면서 하부 작업자 2명이 붐대에 맞음
8월 25일	도시개발 부지조성공사	1	맞음	H빔을 눕히던 중 안전 고리가 빠지면서 쓰러진 H빔에 맞음

자료 국토교통부, 안전보건공단

할 수 있는 경우가 많습니다. 그리고 건설공사 현장에서 발생하는 중대재해 중 상당수가 관리감독자 또는 안전관리자의 감독이 이루어지지 않는 상황에서 발생합니다. 이는 건설공사 현장에서의 작업이 대부분 옥외에서 이루어지며, 시공상황에 따라 작업장소가 유동적이기 때문입니다.

특히 건설공사 현장에 종사하는 작업자들 중 일부는 작업반장 등 인적 네트워크를 통해 고용되어 공사현장에서 쌓아온 고유의 작업방법에 의존하는 경향이 있습니다. 이러한 영향으로 인해 작업자들이 안전조치가 충분히 이루어지지 않은 상황에서 관리감독을 받지 않고 자신만의 작업방법대로 작업을 하다가 산업재해가 발생하는 경우도 종종 발견됩니다.

피재자는 대부분 하도급업체 근로자로 원청과 하도급업체 모두 입건 | 다단계 하도급으로 이뤄지는 건설공사 현장의 특성상, 재해를 당하는 작업자는 대부분 하도급업체의 종사자입니다. 이러한 경우 재해자가 소속된 하도급업체뿐 아니라 원청 역시 중대재해처벌법에 따라 함께 입건됩니다. 때로는 원청과 하도급업체가 사고 원인에 대해 다른 주장을 펼치며 중대재해 수사 과정에서 이해관계를 달리하는 경우도 종종 발견됩니다.

재해 감축을 위해서는 사업주와 근로자 모두의 노력이 필요 | 고용노동부는 2022년 11월 발표한 '중대재해 감축 로드맵'에서 사고사망만인율을 2026년까지 OECD 평균 수준으로 감축하는 것을 목표로 제시하며 중대재해 취약분야인 건설현장에 대한 집중 지원·관리방안을 제시하였습니다. 국회에서도 2020년 9월 '건설안전특별법'을 발의한 이래로 건설현장의 안전확보를 위한 법안 제정을 논의 중에 있습니다.

특히 건설공사 현장의 안전사고는 기본적인 안전수칙 위반에 기인하는 사고가 많은 만큼 사업주와 근로자 모두의 인식개선과 안전수칙 준수 노력이 필요합니다.

SECTION 2   Case ⑥

운송 중 사고

도로보다 위험한 사업장… 5년간 산재 사망사고 127건

김포 물류센터 공사장서 화물차주 구조물에 깔려 사망

2022년 7월 15일 경기 김포시 대포산업단지 내 냉동물류센터 공사장에서 50대 화물차주 1명이 구조물에 깔려 목숨을 잃는 일이 발생했다.
고용노동부에 따르면 사고는 이날 오전 7시 50분께 발생했다. 노동부는 화물차주가 차에서 철골을 내리는 작업을 하던 중 철골 구조물(거더)이 쓰러지면서 화물차주가 구조물에 깔렸다고 설명했다.

화물차주는 병원으로 이송됐으나 결국 사망했다.
사고가 발생한 공사장은 중대재해처벌법 적용 대상이다. 시공사는 ○○건설로 알려졌다.
노동부는 공사장에 작업중지를 명령했고 중대재해처벌법이나 산업안전보건법을 위반한 점이 있는지 조사 중이다.

연합뉴스

최근 전자상거래 증가와 건설·조선 수주가 증가함에 따라 화물자동차를 이용한 물류산업이 크게 성장했습니다. 실제로 고용노동부가 발표한 자료에 따르면 화물자동차 등록 대수는 2019년 41만6412대, 2020년 42만5252대, 2021년 43만8331대로 매년 증가하고 있습니다.

이에 따라 화물운송종사자를 보호할 필요성이 커졌고, 2021년 11월 19일 대통령령 제32132호로 산업안전보건법 시행령이 개정되면서 '화물차주'도 산업안전보건법의 보호를 받는 특수형태근로종사자에 포함됐습니다.

운송 중 발생하는 안전사고

그렇다면 화물운송과 관련해 자주 발생하는 안전사고에는 어떠한 것들이 있을까요. 고용노동부가 2017년부터 2021년까지 최근 5년간 화물운송에 관련된 산재 사망사고 127건을 분석한 결과에 따르면, 도로보다 사업장이 오히려 더 위험한 것으로 나타났습니다. 운행 중 교통사고는 24건(18.9%)에 불과한 반면, 사업장 내에서 적재·하역 중에 떨어지거나 화물에 깔리고 보행 중인 다른 근로자를 치는 사고가 대부분(91건, 71.7%)을 차지했습니다.

특히 다양한 형태의 화물을 적재·하역하던 중 화물이 쏟아지거나 무너지는 '화물 깔림 사고'는 2019년 5건, 2020년 8건, 2021년 8건으로 증가 추세를 보였습니다. 산업안전보건공단에서 제공하는 재해 사례를 살펴보면, 2022년에도 화물차 기사인 재해자가 화물 적재함 위에서 강관 파이프를 적재하던 중 파이프가 쏟아지면서 파이프 다발과 함께 바닥으로 떨어져 사망한 사고(8월), 25톤 카고 차량에 목재를 적재한 후 슬

특수형태 근로종사자

회사와 근로계약이 아니라 독립사업자(자영업자)로서 계약을 맺는 근로자를 말한다. 보험설계사, 택배기사, 학습지 교사, 골프장 캐디, 대리운전 기사 등이 해당된다.

링 벨트를 넘겨 결속하던 중 상부 목재가 슬링 벨트에 걸려 굴러 떨어지면서 목재에 맞아 사망한 사고(6월), 화물자동차 컨테이너 문을 여는 순간 원단 더미가 쏟아지면서 원단에 깔려 사망한 사고(6월) 등이 발생했습니다.

이에 고용노동부는 최근 화물 적재 작업 순서, 화물 형태에 따른 화물 적재 방법, 화물 결박 방법, 문 개방 시 화물 추락 예방조치 등 안전한 작업 방법에 관한 내용을 국내외 사례를 참조해 기술 자료를 제작, 이를 화물자동차를 다수 사용하는 업체에 배포했습니다. 구체적으로 살펴보면 ① 화물을 적재하기 전 단계에서는 미리 화물의 크기와 형상에 적합한 화물차량, 양중 방법 등을 고려해 적재 방법을 선정하며, ② 화물을 적재하는 단계에서는 화물 하중에 의한 낙하 방지를 위해 쐐기 또는 버팀목을 사용해 고정하고, 개별 화물을 묶거나 적재물 사이의 빈 공간을 끼임새 등으로 채워 운송 중에 화물이 움직이는 것을 방지해야 합니다. ③ 화물 결박 시에도 화물이 움직이지 않도록 내부 고박점을 사용해 화물을 고정하고, ④ 도착지에서 적재함을 개방할 때도 미리 낙하 방지 조치(망, 밧줄 또는 방호벽 등)를 하는 것이 안전합니다.

산업안전보건법의 위임에 따라 제정된 '산업안전보건기준에 관한 규칙'(이하 안전보건규칙)에서도 화물운송과 관련된 안전조치들을 규정하고 있습니다. 사업주는 차량계 하역운반기계 등을 사용하는 작업이나 중량물의 취급 작업을 수행할 때 해당 작업, 작업장의 지형·지반 및 지층 상태 등에 대한 사전조사를 하고 그 결과를 기록·보전해야 합니다. 또 조사 결과를 고려해 작업계획서를 작성하고 그 계획에 따라 작업해야 합니다(산업안전보건법 제38조 제2호, 제11호). 안전규칙은 제187조부터 제190조에 걸쳐 화물자동차에 관한 구체적인 안전기준을 제시하고 있습니다. 사업주는 ① 바닥으로부터 짐 윗면의 높이가 2m 이상인 화물자동차에 짐을 싣거나 내리는 작업을 하는 경우 근로자의 추가 위험을 방지하기 위해 해당 작업에 종사하는 근로자가 바닥과 적재함의 짐 윗면 간을 안전하게 오르내리기 위한 설비를 설치해야 하며(제187조), ② 꼬임이 끊어진 섬유 로프 등을 화물자동차의 짐걸이로 사용해서는 안 되고(제188조), ③ 섬유 로프 등을 짐걸이로 사용하는 경우에는 미리 작업 순서와 순서별 작업 방법을 결정하고 불량품을 제거하는 등의 조치를 취해야 하며(제189조), ④ 화물을 하역하는 경우에는 쌓여 있는 화물의 중간에서 화물을 빼내도록 해선 안 됩니다(제190조).

"급할수록 돌아가라"는 말이 있습니다. 화물 운송량이 증가함에 따라 작업 시간 부족 등을 이유로 충분한 안전조치 없이 작업을 수행하는 경우가 있는데, 앞서 살펴본 기본적인 안전조치를 충실히 지켜 재해 없는 진정한 물류 강국으로 발돋움해야 할 것입니다.

> 중대재해처벌법은 도급·위탁 용역을 모두 포괄하므로 화물 배송이라는 특정 업무 용역을 위탁받은 화물기사도 중대재해처벌법이 보호하는 종사자 범위에 들어간다. 다만 실질적 지배·운영·관리를 할 수 없는 영역에서 발생한 사고에 대해 원 사업자의 책임은 인정되기 어렵다.

SECTION 2   Case ⑦

자동화 공정 사고

위험요인에 대한 점검 누락은 중대재해처벌법 위반

기계 끼임 사고 70대 노동자 사망… 충북 중대재해처벌법 '1호'

충북에서 중대재해처벌법 위반으로 입건된 첫 사례가 나왔다. 대전지방고용노동청은 근로자 사망사고를 낸 충북 보은군의 A 플라스틱 기계 제조업체와 대표이사를 중대재해처벌법 위반으로 불구속 입건해 수사 중이라고 밝혔다. 이 사고는 2022년 2월 24일 오후 7시께 A 업체에서 하청업체 근로자 B(70)씨가 기계를 수리하던 중 머리가 설비에 끼어 발생했다.
B씨는 병원으로 옮겨졌지만, 나흘 만에 사망했다. 수사 결과 B씨는 함께 근무하던 다른 하청업체 근로자가 작업하는 도중 스위치를 잘못 눌러 변을 당한 것으로 알려졌다. 노동청은 A 업체가 위험 요인 확인 및 개선이 이뤄졌는지를 점검하는 위험성 평가를 하지 않는 등 안전사고를 막기 위한 의무를 다하지 않았다고 보고 있다.
하청업체 대표는 40인 미만 사업장이라 중대재해법 처벌 대상에 포함되지 않아 업무상과실치사 혐의로 입건됐다. 경찰은 신호수 역할 등을 제대로 수행하지 않은 A 업체 안전관리팀 소속 직원 2명도 업무상과실치사 혐의로 입건했다.

연합뉴스

최근에는 공장 내 설비와 기계에 설치된 센서를 통해 실시간으로 데이터를 수집·분석함으로써 공장 내 돌발 장애, 품질 불량 등을 포함한 모든 상황을 스스로 제어 및 통제하는 형태의 스마트 공장이 운영되고 있습니다.
자동화 공정은 작업자들이 직접 기계 운전, 조작과 같은 업무를 하는 경우가 적다는 점에서 사고 위험을 낮출 수 있는 시스템이라고 할 수 있습니다. 하지만 공정상 오류가 발생해 정비 등 인력 투입이 필요한 상황에서는 사고가 발생할 수 있는 위험이 존재합니다. 로봇은 동작 속도가 빠르고, 작업자의 힘으로 움직이는 로봇을 물리적으로 막기 어렵다는 점에서 사고 발생 시 위험이 큽니다.

자동화 공정 사고 사례

이에 자동화 공정에서도 중대재해 사고가 발생하는데, 대부분 자동화 기기의 통제 불능 혹은 오작동·고장으로 인한 끼임, 부딪침, 추락 등의 사고가 많이 일어나고 있습니다. 과거 사례를 살펴보면 자동차 부품 제조공정에서 자동 용접로봇에 이상이 생겨 작업자가 이를 점검하다가 끼임 사고가 발생한 바 있습니다. 중대재해처벌법이 시행된 2022년 발생한 사고로는 목재 가공업체 작업자가 자동화 설비에 집성재(가공목재) 투입 작업 중 푸셔가 투입된 집성재와 간섭되어 밀리면서 자동화 설비 펜스 지지 기둥 사이에 끼여 사망한 사고, 공장 건물 외부의 팔레트 자동 공급기(컨베이어 연결 자동화 로봇) 자동화 설비의 점검 작업 중 컨베이어벨트가 연결된 지점에서 발생한 사고 등이 있었습니다.
중대재해처벌법 시행 이후 자동화 공정 사고에 대해 수사기관은 중대재해처벌법 측면에서는 해당 공정에 대한 유해 위험 요인 발견을 위한 절차(또는 위험성 평가 절차)가 마련됐고, 경영책임자가 그 절차에 따른 점검을 했는지(중대재해처벌법 시행령 제4조 제3호)를 중점적으로 수사하게 됩니다.

중대재해처벌법의 적용

예를 들어 해당 작업에서 발생할 수 있는 사고 요인(예컨대 로봇과의 충돌이나 협착 위험 등) 점검이 전혀 이루어지지 않았다면 중대재해처벌법 위반에 해당할 수 있고, 점검이 이루어졌다고 하더라도 형식적으로만 점검했거나 실질적 위험 요인에 대한 점검이 누락된 경우에도 중대재해처벌법 위반 혐의를 적용할 수 있습니다.

특히 자동화 공정은 작업 현장에서 작업자들이 자동화 기기에 대한 안전장치(안전 펜스, 센서 등)를 소홀히 하거나 갑작스러운 기기 작동으로 인해 사고가 발생할 수 있는데, 이와 같은 돌발적 재해 원인에 대한 위험성 평가가 적절하게 이루어졌는지에 대해서도 수사가 진행될 것입니다.

또한 관리감독자 등에 대한 반기별 평가가 이루어졌는지, 자동화 공정을 협력 업체 인력이 수행할 경우 협력 업체에 대한 안전보건 능력 평가 기준 및 그 적용이 적정하게 이루어졌는지 등을 수사할 것입니다.

따라서 자동화 공정을 운영하는 회사에서는 자동화 공정에서 발생할 수 있는 위험 요인을 파악하고 개선 방안을 마련하는 절차가 명확하게 드러나야 합니다. 실제 작업 현장에서 회사의 규정이나 법규를 위반한 임의 작업(안전장치의 임의 해체 등)이 이루어진 것은 아닌지, 협력 업체가 자체적인 안전보건조치 능력을 갖추고 있는지 등을 철저히 확인할 필요가 있습니다.

또한 로봇의 작동 범위 내에서 수리·검사 등의 작업 시 운전 정지(전원 차단)를 확실히 하고, 안전 펜스 내 작업자들이 임의로 들어갈 수 없도록 통제를 강화하며, 제동장치 및 비상 정지 장치 등 주요 안전장치 기능 점검을 상시적으로 강화해야 합니다.

한편 자동화 공정 사고는 재해자를 구조해줄 동료 직원이 없는 가운데 발생해 재해자의 구조가 늦어지는 경우도 생기므로, 사고에 대비한 비상 대응 매뉴얼을 구비하는 것도 매우 중요한 대응조치라고 판단됩니다.

기계는 인간의 명령과 정해진 작업을 따를 뿐, 돌발 상황에서 작업자의 안전을 지켜주지 않는다. 오작동이 의심되어 점검·보수를 한다면, 반드시 기계 및 설비의 작동을 멈춘 뒤 안전을 확보한 상태에서 작업해야 한다.

중대재해 발생 현황

산업용 로봇 수리 점검 시 중대재해 발생
19명(68%)

산업용 로봇 사용 중 중대재해 발생
8명(29%)

산업용 로봇 교시 작업 중 중대재해 발생
1명(3%)

자료 고용노동부

SECTION 2   Case ⑧

자연재해 복구 현장 사고

우발적 위험 요소 많고 안전 수칙 지켜지지 않아 사고 발생

강화서 굴착기 기사 사망 사고… 중대재해법 조사 착수

중부고용노동청이 최근 인천 강화도에서 해양쓰레기를 수거하던 굴착기 기사가 바다에 빠져 숨진 사고와 관련해 강화군의 중대재해처벌법 위반 여부 조사에 나섰다.

중부고용청은 강화군이 이 사업을 총괄하는 권한과 책임이 있는 경영책임자이자 원도급사에 해당하는 것으로 보고 안전조치의무를 제대로 했는지 점검하기로 했다.

강화군이 2022년 특정업체와 계약을 맺고 해양쓰레기 준설 용역을 맡겼지만, 강화군을 단순 발주자가 아닌 원도급사로 판단한 것이다.

2022년 8월 25일 오후 2시 10분께 인천시 강화군 선원면의 한 포구에서 50대 남성 A씨가 몰던 소형 굴착기가 수심 5m 바다에 빠졌다. 이 사고로 A씨가 병원으로 이송됐으나 숨졌다.

사고 당시 A씨는 최근 집중호우로 해변에 떠밀려온 해양쓰레기를 수거하는 작업에 투입된 것으로 확인됐다.

연합뉴스

한국은 여름철 많은 비가 내리고, 강한 태풍도 빈번하게 지나갑니다. 2022년만 하더라도 힌남노라는 강한 태풍이 지나가면서 피해를 입히고, 서울 시내 한복판이 침수되는 기억에 남을 만한 사고가 있었습니다. 이러한 자연재해는 그 자체만으로 돌이킬 수 없는 인명과 재산 피해를 야기하는 경우가 많습니다. 산업재해는 이러한 재해를 복구하는 공사 과정에서 자주 발생합니다.

재해 복구 공사와 사고

중대재해처벌법 시행 이후 쓰러진 가로수 정리 작업을 하던 공무원이 감전으로 사망한 사고, 산사태 복구 작업 중 굴착기에 깔려 근로자가 사망한 사고 등이 있었습니다.

이러한 재해 복구 공사 자체는 일상적으로 이뤄지는 건설공사 및 작업의 형태와 크게 다르지 않다고 볼 수 있지만, 작업 현장 자체도 재해가 발생한 곳이니 우발적 위험 요소가 많고, 재해 복구 자체가 시급하다 보니 사전조사 및 작업계획서 작성, 안전 수칙 준수 등 사고 예방을 위해 지켜야 할 절차를 준비할 시간이 부족하거나 상대적으로 제대로 지켜지지 않는 경우가 많다는 점에서 일상적 건설 공사보다 사고 발생 위험이 더 높아질 수 있습니다.

한편 이러한 재해 복구 공사는 국가·지방자치단체 및 그 하청 업체에서 시행하는 경우가 많은데, 건설 공사만 주로 수행하는 사업주와는 달리 공무원, 공공기관 임직원의 상시적 업무가 아니다 보니 관리·감독의 전문성 문제도 발생할 수 있습니다.

따라서 이와 같은 재해 복구 공사를 진행할 때는 재해가 발생한 후 사후적으로 안전보건관리 계획을 세우기 보다 예상 가능한 재해 유형에 따른 작업의 유해·위험 요인을 사전에 파악하고 충실한 작업 계획을 세워 작업자들이 작업 안전 수칙을 숙지할 수 있도록 하는 것이 중요합니다.

굴착기 안전 수칙

재해 복구 현장에서 가장 필수적인 기계라고 하면 바로 굴착기가 아닐까 싶습니다. 붕괴된 건축물의 잔해, 산사태 등으로 인해 쏟아진 토사를 치우는 작업부터 재해 복구 공사가 시작되기 때문입니다. 이에 굴착기 관련 안전보건규칙 규정에 대해 소개하겠습니다.

굴착기 사용 작업의 안전조치 관련 규정은 안전보건규칙 곳곳에 있습니다. 굴착기는 안전보건규칙 [별표 6]에서 말하는 '차량용 건설기계'에 해당하고, 이를 사용하는 작업은 안전보건규칙 제38조에 따른 사전조사 및 작업계획서 작성 대상 작업입니다. 또한 안전보건규칙상 안전기준 또한 제1장 기계·기구 및 그 밖의 설비에 관한 안전기준 중 차량용 건설기계 부분(제169~206조) 규정이 적용되며, 작업 형태에 따라 제4장 건설작업 등에 의한 위험 예방 중 제2절 굴착 작업 등의 위험방지(제338조 또는 제379조)와 관련한 규정도 적용됩니다.

우선 안전보건규칙 제196조부터 제206조에는 '차량용 건설기계'에 적용되는 전조등의 설치, 낙하물 보호구조, 전도 등의 방지, 접촉 방지, 이송, 승차석 외 탑승 금지, 안전도 및 최대 사용 하중 준수, 주 용도 외의 사용 제한, 붐 등의 강하에 의한 위험 방지, 수리 등의 작업 시 조치 등과 같은 내용이 규정돼 있습니다.

안전보건 관리계획

사업장에서 안전관리를 계획적으로 대처하기 위해 일정 기간을 정해 작성하는 계획을 말한다. 이 계획은 업종, 생산 방법 등에 따라 장기적 관점에서 일관성 있고 안전수준에 적합하도록 구성해야 한다.

제4장 건설 작업 등에 의한 위험 예방 제2절에는 굴착작업 등의 위험방지에 관한 내용 즉 '노천 굴착 작업, 발파 작업, 터널 작업, 교량 작업, 채석 작업, 잠함 내 작업, 가설도로 설치 작업 등' 작업별로 지켜야 할 안전조치에 관한 내용이 규정돼 있습니다. 특히 노천 굴착 작업 부분(제338~347조), 굴착면의 기울기, 토석 붕괴·지반 붕괴·매설물 등 파손에 대한 위험 방지, 가스도관 등의 공작

사업주가 꼭 알아야 할 굴착기 주요 안전 수칙

- 작업계획서 작성 및 근로자에게 고지
- 굴착기 이송 시 굴러떨어짐 방지
- 정비 시 운전정지, 안전지주 설치, 작업 지휘자 배치
- 가스도관, 지중전선로 등 파손 위험 지역 굴착작업 금지
- 지반침하 우려 없는 평평한 곳에서 신호에 따라 인양 작업
- 최대 사용 하중 준수
- 작업 전 작업 장소 점검 및 붕괴 위험 방지조치
- 후사경·후방영상표시장치 설치, 작업 반경 내 출입 금지 조치
- 주 용도 외 사용 제한
- 퀵커플러 안전핀 체결

자료 안전보건공단, 2022년

물 파손을 위한 굴착기계 등 사용 금지, 운행 경로 등의 주지, 운반기계 등의 유도 등에 관한 내용이 자세하게 정해져 있습니다.

이처럼 굴착기 관련 규정은 매우 자세하게 마련돼 있지만, 근로자들이 일상적으로 수행하는 작업이라고 생각해 안전관리를 소홀히 하거나, 관리·감독하는 입장에서 미비점을 발견하더라도 사후조치를 게을리하는 경우가 잦습니다. 굴착 작업의 특성상 현장이 정형적이지 않고, 돌발적 상황이 사고의 주된 원인이 되는 경우라도, 이러한 안전조치의 미비가 사고의 한 원인을 구성할 경우에는 관리 책임이 있는 사람 또는 회사가 형사책임을 질 가능성이 높습니다.

이와 같은 안전조치 등의 미비로 사고가 발생할 경우 경영책임자등의 안전 및 보건 조치의무 위반으로 인해 발생한 것이라고 평가할 수도 있습니다(예컨대, 시행령 제4조 제3호의 유해·위험 요인 발견 및 개선조치를 성실히 이행하지 않았거나, 시행령 제5조에 따른 안전·보건 관계 법령에 따른 의무이행에 필요한 관리상 조치를 다하지 않은 것이라고 평가될 경우). 이 경우 처벌 대상이 경영책임자등에게까지 확대되는 등 그 수위가 높아질 수 있음을 유념해야 합니다.

SECTION 2　　　　　　　　　　　　　　　　　　　　　　　　　　　　　　　　　Case ⑨

항공기·선박·열차 사고

특성상 대부분의 사고가 사망으로 이어져

인천공항 30대 노동자, 항공기 견인 차량 점검 중 '참변'

인천국제공항 내 정비소에서 근무하던 30대 노동자가 항공기 견인 차량을 점검하다 사망하는 사고가 발생했다.

인천공항경찰단은 2022년 4월 26일 오후 5시께 인천시 중구 인천국제공항 내 정비소에서 30대 노동자 A씨가 항공기 견인 차량 바퀴와 차체 사이에 끼어 119구급대에 의해 인근 병원으로 옮겨졌으나 결국 사망했다고 밝혔다.

경찰단에 따르면 사고 당시 A씨는 견인 차량 뒷바퀴를 들어 올리고 누유 여부를 점검하고 있었고, 이때 동료 노동자가 차량 시동을 끄면서 바퀴가 원래 위치로 돌아와 참변을 당했다.

고용 당국은 해당 사업장에 작업 중지 명령을 내리고 소속 노동자가 50명 이상인 점을 고려해 중대재해처벌법을 적용한다는 방침이다.

경찰은 A씨가 동료 2명과 3인 1조로 일하고 있었던 것으로 파악했고, 목격자 진술 등을 토대로 안전 수칙이 제대로 지켜졌는지 수사할 예정이다.

이보배 한경닷컴 객원기자 newsinfo@hankyung.com

항공기·선박·열차와 같은 장거리 대중교통 관련 작업자에게도 재해 사고가 발생하고 있습니다.

최근 항공기 견인 차량을 점검하던 작업자가 끼임 사고로 사망한 사고가 있었습니다. 선박의 경우 탐사선의 선원이 유압 수밀문(선박 안으로 바닷물이 들어오지 않도록 막는 자동문) 작동을 점검하다가 수밀문과 문틀 사이에 끼어 사망한 사고도 있었습니다. 선박 사고의 경우 국내 영해 밖에서 발생한 사고였지만, 국내 선박이 운항 중에 발생한 사고로 중대재해처벌법 대상이라고 보도된 바 있습니다.

열차의 경우 철도안전정보종합관리시스템(국토교통부·한국교통안전공단 운영)이 발표한 통계에 따르면, 최근 5년간 철도 사고로 인한 사상자는 지속적으로 감소 추세를 보이고 있습니다. 유관 기관에서 중대재해처벌법 시행에 맞춰 철도안전관리체계 운용을 강화하고 있지만, 2022년에도 현장 작업자들이 운행 중인 열차와 접촉해 사망하는 등 안타까운 사고가 있었습니다.

입환
정거장에서 열차의 운행을 위해 차량을 이동해 연결·교환·분리하는 경우 또는 조성이 완료된 편성을 본선에서 운행하기 위해 전선(차량이 선로를 바꾸는 것)하는 모든 행위

한국교통안전공단이 발표한 2021년 철도안전 연차보고서에 따르면, 2017년부터 2021까지 최근 5년간 철도 종사자의 철도교통사고는 모두 18건이었습니다. 사고 유형별로 살펴보면, 1건을 제외한 나머지 17건은 모두 열차와의 접촉 때문이었습니다. 이어 입환 작업 및 선로(변) 작업으로 인한 사고가 각 6건으로 가장 많았고, 선로(변) 이동 중에 발생한 사고도 3건이 있었습니다. 발생 원인을 기준으로 살펴보면 작업 중 미승인

작업, 부주의한 행동 등 현장에서 안전 관련 법규를 충실히 이행하지 않은 경우가 전체 18건 중 13건을 차지할 정도로 비중이 높았습니다.

항공기·선박·열차 사고에 적용되는 안전 관련 법규

항공의 경우 항공안전법이 있습니다. 항공안전법은 국제민간항공협약 및 같은 협약의 부속서에서 채택된 표준과 권고되는 방식에 따라 항공기, 경량 항공기 또는 초경량 비행 장치의 안전하고 효율적인 항행을 위한 방법과 국가, 항공사업자 및 항공종사자 등의 의무 등에 관한 사항을 규정함을 목적으로 하는 법률입니다.

선박의 경우 선박안전법과 선원법 등이 적용됩니다.

열차의 경우에는 철도안전법이 있고 국토교통부 소속 철도특별사법경찰대가 열차 사고에 대한 경찰의 역할을 수행합니다. 철도안전법은 철도안전을 확보하기 위해 필요한 사항을 규정하고 철도안전관리체계를 확립함으로써 공공복리의 증진에 이바지함을 목적으로 제정된 법률로, 철도 차량과 철도 시설의 안전 기준 그리고 철도 차량의 운행 안전에 관한 사항 등을 자세히 규정하고 있습니다. 예컨대 철도안전법 제40조의2는 운전업무종사자, 관제업무종사자, 작업책임자 그리고 철도운행안전관리자 등 철도종사자의 준수 사항을 규정하고

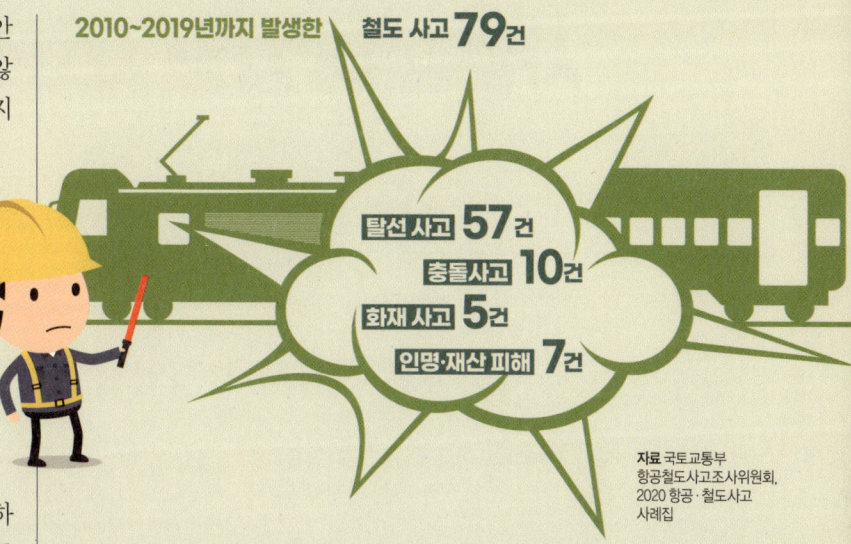

2010~2019년까지 발생한 철도 사고 79건
- 탈선 사고 57건
- 충돌사고 10건
- 화재 사고 5건
- 인명·재산 피해 7건

자료 국토교통부 항공철도사고조사위원회, 2020 항공·철도사고 사례집

있습니다.

특히 철도운행안전관리자로 하여금 철도 차량의 운행 선로 또는 그 인근에서 철도 시설의 건설 또는 관리와 관련된 작업을 수행할 때 관할 역의 관리책임자 및 관제업무종사자와 협의해 작업 일정 및 열차의 운행 일정을 조정하도록 함으로써 안전사고를 예방하고 있습니다.

또한 산업안전보건법 위임에 따라 제정된 '산업안전보건기준에 관한 규칙(이하 안전보건규칙) 도 제8장에서 제407조부터 제419조까지 ① 운행열차 등으로 인한 위험방지(제1절) ② 궤도보수·점검 작업의 위험방지(제2절) ③ 입환 작업 시의 위험방지(제3절) ④ 터널·지하 구간 및 교량 작업 시의 위험방지(제4절)를 위한 안전조치를 규정하고 있습니다.

한편 항공기·선박·열차 사고에 대해 항공·철도 사고 조사에 관한 법률과 해양사고의 조사 및 심판에 관한 법이 제정돼 있습니다. 해당 법률은 항공·철도 사고조사위원회와 해양안전심판원 등을 두고, 조사의 독립성·전문성을 기하고 있습니다.

이와 같은 항공기·선박·열차의 경우 사고의 특성상 대부분 사고가 사망으로 이어집니다. 재해자가 종사자일 경우 중대산업재해, 일반 시민일 경우에는 중대시민재해에 각각 해당할 가능성이 높습니다.

이에 각 운영주체로서 관련된 유해·위험 요인을 보다 면밀히 파악하고, 안전사고를 방지할 수 있도록 노력해야 합니다. 현장 종사자도 항공안전법, 선박안전법, 철도안전법 등 관련 법률과 안전보건규칙에서 규정하고 있는 기본 수칙을 철저히 준수해야 할 것입니다.

SECTION 2　　　　　　　　　　　　　　　　　　　　　　　　　　　　Case ⑩

사업장 내 차량 사고 현황

구체적 경위에 따라 중대재해처벌법 적용

'광주 펌프카 사망사고' 시공사·하청업체 압수수색

광주의 아파트 건설 현장 펌프카 붐대(철제 압송관) 파손·붕괴로 인한 사망사고와 관련 수사를 진행 중인 수사 당국이 시공사와 하청업체에 대한 압수수색에 착수했다.

광주북부경찰서는 광주지방고용노동청과 합동으로 2022년 5월 31일 오전 수사팀을 보내 A건설과 철근콘크리(철콘) 공사 하청업체 현장사무소 등 4개소에서 압수수색영장을 집행했다. 4개소는 A건설과 철콘업체 현장사무소, 펌프카차량내부, 펌프카업체사무실 등이다.

강제수사 착수에 앞서 경찰은 A건설과 철콘 하청업체 현장 소장 등을 업무상과실치사 혐의로 추가 입건했고, 노동청도 산업안전보건법 위반 혐의로 시공사와 하청업체 관계자들과 함께 관련 법인 2곳을 입건했다.

지난 5월 24일 오전 9시 22분께 광주 북구 임동 ○○ 아파트 신축 공사 현장에서 작업 중이던 펌프카 붐대가 지면으로 떨어져 작업자가 숨진 사고가 발생하자 경찰과 노동청은 각각 수사에 착수했다.

경찰은 업무상과실치사 혐의로 펌프카의 기사 A(59)씨를 최초 입건해 사고 원인과 안전조치 미준수 여부 등을 조사하고 있고, 노동청은 별도로 수사를 진행하며 중대재해처벌법 적용 여부를 판단하고 있다. 경찰 관계자는 "압수수색을 통해 확보한 자료 등을 정밀 분석해 사망사고 관련 내용을 우선 수사하고, 필요하다면 향후 불법 재하도급 여부 등에 대해서도 단계적으로 수사를 확대할 예정이다"라고 밝혔다.

연합뉴스

건설 현장, 제조공장 등 각 사업 현장에는 많은 차량이 드나들고, 그로 인해 충돌 사고, 접촉 사고 등 여러 유형의 인명 피해가 발생하고 있습니다. 건설 현장의 도로는 경사로와 비포장도로가 대부분인 데다 대형 건설기계가 많이 드나들다 보니 사고 발생 빈도가 높습니다. 중대재해처벌법 시행 이후에도 사업장 내 차량 사고가 다수 발생했습니다.

레미콘 트럭이 건설 현장 내 도로에서 레미콘을 싣고 오르막길을 가다 전복된 사고, 공사현장 인근에서 자재 하역 중 운전기사가 전도된 자재에 깔려 사망한 사고, 덤프트럭이 하역 작업 중 전복되면서 차량에 타고 있던 하청업체 직원이 사망한 사고, 항만 노동자가 트레일러 차량에 치여 숨진 사고, 덤프트럭이 공사 현장 내 도로에서 후진하던 중 작업자를 충돌해 숨지게 한 사고, 공사 현장에서 신호수 역할을 하던 작업자가 후진하던 차량에 치여 사망한 사고, 도로보수원이 도색 작업 중 차량에 치여 사망하는 사고 등이 있었습니다.

중대재해처벌법 적용 여부

중대재해처벌법 수사기관인 고용노동부는 사업장 내 차량 사고를 일괄적으로 중대재해처벌법 대상으로 삼고 있지는 않습니다. 구체적 경위에 따라 중대재해처벌법 또는 산업안전보건법 위반 혐의를 적용, 입건 여부를 결정하는 것으로 확인됩니다.

구체적으로 항만 노동자가 트레일러에 치여 숨진 사고의 경우, 고용노동부는 50인 미만 사업 또는 사업장으로 보아 중대재해처벌법을 적용하지 않았습니다. 반면 덤프트럭 운전기사가 건설폐기물을 실으려고 대기하던 중 트럭이 이동하면서 차량과 벽 사이에 끼어 사망한 사안에 대해서는 중대재해처벌법 적용에 대해 조사하고 있다고 밝혔습니다.

차량 사고의 주된 쟁점은

일반적으로 사업장 내 도로는 도로교통법이 적용되지 않는 장소로서 보행자 등의 보호가 취약하고, 그 사고의 원인이 다양한 것이 특징입니다. 즉 운전자의 과실, 안전표지의 미비, 피재자의 돌발 행동 등이 원인이 될 수 있습니다. 또한 운전자가 가해자인 경우 뿐만 아니라 피해자인 경우도 많으며, 운전자가 특수형태종사근로자인 경우도 많습니다. 특수형태근로종사자 역시 산업안전보건법 제77조(특수형태근로종사자에 대한 안전조치 및 보건조치), 중대재해처벌법 제2조 제7호의 종사자 조항에 근거하여 보호의 대상이 됩니다.

최근 발생한 중대재해 사고 중에는 그 피해자가 신호수였던 경우가 많았습니다. 산업안전보건기준에 관한 규칙 제172조 제1항 및 제200조 제1항은 차량계 하역운반기계 차량계 건설기계 등의 작업에 대하여 근로자가 부딪힐 위험이 있는 경우에는 유도자(신호수)를 배치하도록 규정하고 있습니다. 그런데 작업 안전

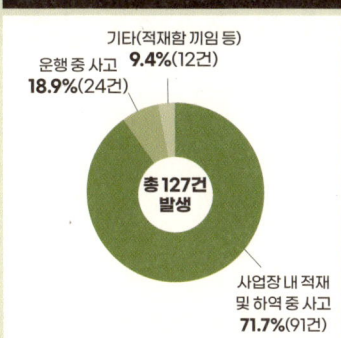

을 위해 배치된 신호수가 도리어 차량에 치여 재해자가 되는 경우가 발생한 것입니다. 위와 같은 재해사고의 경우 사업주의 입장에서는 신호수 배치의무를 이행함에 따라 불가피하게 발생한 사고라고 항변할 수 있겠지만, 이러한 신호수 재해 사고에 대해서도 중대재해처벌법이 적용될 수 있습니다.

예를 들어 사업주가 차량, 건설기계를 사용하는 작업을 하는 경우 근로자의 위험을 방지하기 위해 해당 작업, 작업장의 지형·지반 및 지층 상태 등에 대한 사전조사를 하고 그 결과를 기록·보존해야 합니다. 조사 결과를 고려해 작업계획서를 작성하고 그 계획에 따라 작업을 해야 하는데(산업안전보건기준에 관한 규칙 제38조), 그러한 조치가 없었고 경영책임자가 중대재해처벌법 시행령 제5조 제2항의 안전·보건 관계 법령에 대한 반기별 점검이나 필요한 조치를 실시하지 않았다면, 법령상의 신호수 배치 의무를 이행함에 따라 발생한 사고에 대해서도 중대재해처벌법이 적용될 수 있는 것입니다. 또한 신호수 배치에 필요한 교육에 대한 관리가 적절히 이뤄지지 않았거나 차량 작업에 대한 유해·위험 요인 점검 및 개선조치가 없었다면 중대재해처벌법 위반이 인정될 소지가 있습니다.

한편, 2022년 7월 개정된 도로교통법은 '도로 외의 곳에 대한 보행자 보호 의무를 신설했습니다. 이에 따르면 운전자는 사업장 내 도로 등 도로교통법상 도로가 아닌 경우에도 보행자 옆을 지나는 경우 안전한 거리를 두고 서행해야 하며, 보행자의 통행에 방해가 될 때에는 서행하거나 일시정지해 보행자가 안전하게 통행할수 있도록 해야 합니다. 이에 발 맞춰 산업안전보건법 등 안전관계법령에서도 사업장 내 차량 사고를 예방하기 위한 입법 노력이 필요합니다.

밀폐공간 내 질식 사망사고

최근 10년간 질식 사고로 165명 사망… 치명률 평균 44배↑

화성 뉴타운 현장서 중대재해… "1명 사망, 1명 부상"

화성 남양뉴타운 공동주택 신축 공사 현장에서 또다시 중대재해로 볼 수 있는 사고가 발생했다. 광주 붕괴 사고에 이어 건설 현장에서 연이어 산재 사망사고가 벌어지면서 중대재해처벌법 1호 처벌 기업은 A건설이 될 것이라는 전망이 힘을 받고 있다.

업계 관계자들에 따르면 2022년 1월 14일 새벽 화성 남양읍 소재 화성 남양뉴타운 신축 공사 현장에서 하청업체인 B건설 소속 근로자 2명이 재해를 입어 1명은 사망하고 1명은 병원으로 이송돼 치료 중인 것으로 알려졌다.

재해 근로자들은 모두 미장공이며, 이들은 저수조 바닥 미장 작업을 하던 중 콘크리트 양생을 위해 사용한 숯탄에서 나온 일산화탄소에 중독돼 재해를 입었다. 시공사는 C업체인 것으로 알려졌다.

정부 관계자는 "현재 안전보건공단 경기지역본부가 고용노동부 경기지청 감독관들과 합동 조사 중"이라며 "부분 작업 중지 후 정밀 조사를 할 예정"이라고 말했다.

콘크리트 양생 작업은 겨울철 가장 많은 질식 재해의 원인이기도 하다. 고용부가 최근 10년간 발생한 질식 재해 분석 결과 겨울철 건설업 질식 재해 25건 중 17건이 콘크리트 보온양생 작업 중 사고가 벌어진 것으로 나타났다.

일산화탄소중독 사고를 예방하려면 유해가스 농도 측정, 산소호흡기나 송기 마스크 착용 등 안전보건조치를 하도록 돼 있다.

한 안전보건 관리 전문가는 "중대재해법이 시행됐다면 원청 대표 역시 현장을 실질적으로 지배한 만큼 안전보건조치를 취하지 않았다면 처벌 대상이 된다"고 지적했다.

곽용희 기자 kyh@hankyung.com

해마다 보일러 가스 누출로 인한 질식 사망사고가 반복되고 있습니다. 가스보일러에서 누출된 배기가스에는 일산화탄소가 포함돼 있습니다. 일산화탄소는 무색·무취의 기체로 체내에 들어오면 저산소증을 유발해 일산화탄소중독을 일으킵니다. 질식 사망사고는 건설 현장, 제철소 등 산업 현장의 밀폐공간에서도 종종 일어납니다. 고용노동부에 따르면 최근 10년간(2012~2021년) 질식 사고로 348명의 재해자가 발생했고, 이 중 절반에 가까운 165명(47.4%)이 사망했습니다. 치명률은 일반적 사고성 재해(1.1%)보다 44배 높은 수준으로, 산재사고 중 가장 치명적 재해라 볼 수 있습니다.

질식 사고도 중대재해에 해당하나

중대재해처벌법에서는 중대산업재해를 "산업안전보건법 제2조 제1호에 따른 산업재해 중 1명 이상이 사망하는 경우" 등으로 정하고 있습니다. 따라서 종사자가 작업 중 일산화탄소에 의해 질식사한 경우에도 중대재해가 될 수 있습니다. 중대재해처벌법은 안전·보건 관계 법령에 따른 의무 이행에 필요한 관리상 조치를 취하도록 하고 있습니다. 산업안전보건법은 대표적 안전·보건 관계 법령에 해당하기 때문에 산업안전보건법상의 관련 조치를 취하지 않아 사고가 발생했다면 중대재해에 해당합니다. 아래에서 질식 재해 예방과 관련해 산업안전보건법상 의무 사항을 살펴보겠습니다.

질식 재해 예방 조치

질식 재해 예방 관련 수칙은 크게 ① 밀폐공간의 확인과 출입 금지 ② 작업 허가 절차 ③ 작업 시 안전보건조치 ④ 관리, 점검 ⑤ 보호구 사용 ⑥ 교육·훈련 및 정보 제공으로 나눕니다.

먼저 ① 사업장의 작업 장소 중 밀폐공간이 어디에 있는지 확인하고, 관계 근로자가 아닌 사람의 출입을 금지하며 질식 위험이 있음을 알리는 표지를 부착해야 합니다(산업안전보건기준에 관한 규칙 제622조).

② 사업주는 근로자가 밀폐공간에서 작업을 하는 경우 안전조치 여부를 확인한 후 적정한 경우에만 작업을 하도록 해야 하는데(동 규칙 제619조 제2항), 이를 위해서는 회사 내부적으로 안전조치 사항을 확인하고 작업 허가 절차를 마련하는 것이 중요합니다. 밀폐공간 작업 허가 절차가 마련되면 허가권자는 ⓐ 작업 일시, 기간, 장소 등 작업 정보 ⓑ 관리감독자, 근로자, 감시인 등 정보 ⓒ 산소 및 유해가스 농도 측정 결과 및 후속 조치 사항 ⓓ 작업 중 불활성가스 또는 유해가스 누출·유입·발생 가능성 검토 및 후속 조치 사항 ⓔ 작업 시 착용할 보호구의 종류 ⓕ 비상연락체계 사항을 확인한 후 안전조치가 충분하다고 판단되는 경우에만 작업을 허가해야 합니다(동 규칙 제619조 제2항).

③ 작업 시 안전보건조치로는 작업 시작 전, 작업 일시 중단 이후 다시 시작하기 전, 작업 중에 수시로 산소·유해가스 농도를 측정하고(동 규칙 제619조, 제619조의2), 작업 전, 작업 중 필요에 따라 환기시켜야 합니다(동 규칙 제620조). 또한 유해가스가 발생하는 용접, 불활성기체 사용, 가스배관 공사, 설비 개조, 압기공법에 의한 작업, 소화 설비 작업에 대해서는 지켜야 할 작업 수칙이 정해져 있으므로 개별 수칙에 따라야 합니다.

④ 점검 및 관리의 경우 관리감독자가 점검 결과 이상을 발견해 보고하면 사업주는 즉시 환기, 보호구 지급, 설비 보수 등 필요한 조치를 실시해야 하고(동 규칙 제35조), 근로자가 밀폐공간에서 작업을 하는 동안 작업장과 외부의 감시인 간에 항상 연락을 취할 수 있는 설비를 설치하고, 작업 상황을 감시해야 하며(동 규칙 제623조), 근로자를 작업장에 입·퇴장시킬 때마다 인원을 점검해야 합니다(동 규칙 제621조).

⑤ 밀폐공간 보호구에는 호흡기 보호를 위한 호흡용 보호구, 추락사고 예방을 위한 안전대, 보호가드, 구명 밧줄, 구조용 삼각대 등이 있

불활성가스
다른 물질과 화학반응을 일으키기 어려운 가스를 말한다. 폭발할 위험성이 있는 가스, 증기가 존재할 우려가 있을 때는 그 위험을 방지하기 위해 통상 불활성가스로서 질소가 사용된다.

> 안전이 확인되지 않은 밀폐공간에서는 단 한 번의 호흡으로도 생명을 잃을 수 있다.

는데, 보호장구는 작업이나 긴급 상황 발생 시 언제든 바로 사용할 수 있는 상태로 유지해야 하고, 근로자에게 사용 방법 등에 관한 충분한 교육과 훈련을 실시해야 합니다.

⑥ 마지막으로 사업주는 밀폐공간 작업에 종사하는 근로자를 대상으로 최초 작업 투입 전에 특별교육(법 제29조 및 동법 시행규칙 제26조 [별표 4, 별표 5])와 긴급 상황 발생 시 신속히 대응할 수 있도록 6개월에 1회 이상 주기적으로 긴급 구조 훈련을 실시해야 하고(동 규칙 제640조), 작업을 시작할 때마다 사전에 작업 근로자와 감시인을 대상으로 안전한 작업 방법을 주지시켜야 합니다(동 규칙 제641조). 밀폐공간 작업을 도급하는 경우에는 수급인에게 안전·보건에 관한 정보를 작업 시작 전까지 문서로 제공해야 합니다(법 제65조 및 동법 시행규칙 제83조).

SECTION 2　　　　　　　　　　　　　　　　　　　　　Case ⑫

조선소 사고

조선업 사망사고 70%는 하청업체 소속이거나 비숙련 근로자가 차지

○○중공업서 폭발 추정 사고… 협력업체 근로자 1명 사망

2022년 4월 2일 오전 7시 48분경 ○○중공업 울산조선소에서 폭발로 추정되는 사고가 일어나 50대 근로자가 사망했다.
업계에 따르면 ○○중공업 2야드 패널2공장 3라인에서 가스를 이용해 철판을 절단하는 취부 작업을 하던 근로자 A씨는 원인 미상의 폭발로 얼굴을 크게 다쳐 의식을 잃고 병원으로 옮겨졌지만 끝내 숨졌다.
A씨는 협력업체 소속 근로자로, 동료 작업자 2명과 함께 오전 7시부터 공동 작업을 하고 있었다. 추가 인명 피해는 없는 것으로 알려졌다. 현재 경찰이 사고 경위를 조사 중이다.

사고가 발생한 2야드는 중대재해처벌법 시행 직전인 2022년 1월 24일에도 크레인 오작동으로 인한 끼임 사고가 발생해 근로자가 사망한 곳이다.
○○중공업 울산조선소는 중대재해처벌법 적용 대상인 50인 이상 사업장에 해당한다.
○○중공업은 중대재해처벌법 시행에 대비해 기존 안전기획실과 각 사업부 안전조직을 통합한 안전통합경영실을 구성하고 사장급 CSO를 선임한 바 있다.

곽용희 기자 kyh@hankyung.com

2022년 8월 30일 고용노동부 장관 주재로 주요 조선사 대표와 한국조선해양플랜트협회가 참석한 조선업 산업안전보건 리더회의가 열렸습니다. 조선업은 노동집약적 산업입니다. 고소 작업, 밀폐공간 작업, 화기 이용 작업 등 숙련된 기술이 필요한 고위험 작업이 많은 데다 빈번한 인력 교체로 인한 사고 발생 위험이 크다는 특징도 있습니다. 2017년부터 2022년 8월까지 조선업에서 56건, 65명의 사망사고가 발생했습니다. 이 중 69.6%(39건, 47명)가 하청업체 소속 근로자였고, 30.4%(17건, 21명)는 3개월 미만 비숙련 근로자였습니다(고용노동부 보도자료, 2022년 8월 30일).
중대재해처벌법이 시행된 이후인 2022년 1월부터 9월 말까지 선박 건조 및 수리 업종의 사망자 수는 모두 36명으로 전년 동기 31명에 비해 5명이 늘었습니다.
안전보건공단이 2020년 발표한 조선업 중대재해 사례집에 따르면 2015~2019년 5년간 조선업 재해 현황은 다음과 같습니다. 사고 원인을 보면

2017년부터 2022년 8월까지 조선업에서 56건, 65명의 사망사고가 발생했다. 이 중 69.6%(39건, 47명)가 하청업체 소속 근로자였고, 30.4%(17건, 21명)는 3개월 미만 비숙련 근로자였다.

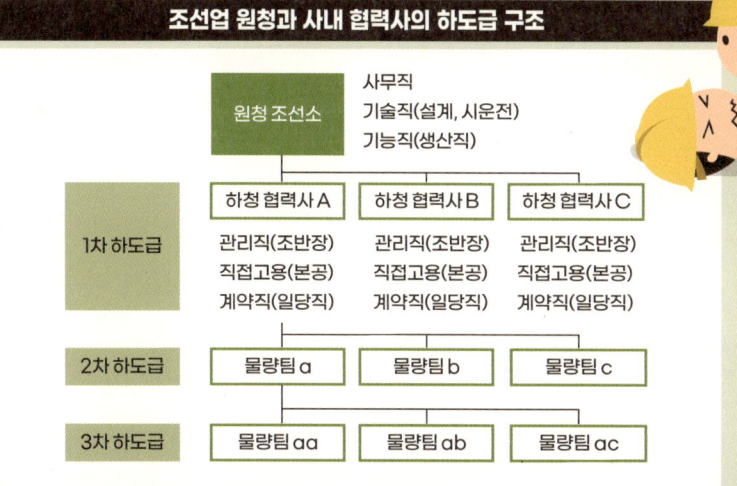

자료 조선업 산업안전보건 관리비 계상 기준 마련을 위한 실태조사 및 연구, 안전보건공단 산업안전보건연구원, 2020년 11월

떨어짐(25%), 화재·폭발(15%), 부딪힘(14%), 물체에 맞음(10%), 깔림(12%), 끼임(9%), 질식(4%), 감전(2%), 기타(9%)입니다.

최근 5년간(2015~2019년) 사고 원인은 떨어짐(21명, 24.7%), 화재·폭발(13명, 15.3%), 부딪힘(12명, 14.1%) 재해가 전체 사고사망자 85명 중 54.1%(46명)를 점유하고 있습니다. 이는 중후장대 산업인 조선업종에서 블록 대형화에 따른 고소 작업, 도장 및 절단 등 가연성물질 취급 작업, 탑재 등 중량물 취급 작업에서 기인한 것으로 보입니다.

2022년 11월 3일 대검찰청 보도자료에 따르면 창원지점에서 기소한 중대재해처벌법 사건이 있습니다. 조선소 선박 수리 공사 현장에서 원청으로부터 선박 안전난간 보수공사를 하도급받은 하청업체 근로자가 10m 높이에서 추락사한 사건입니다. 검찰은 추락 방호망·안전대 부착 등 안전보건규칙상 조치 미이행한 과실로 피해자가 10m 높이 통로에서 추락해 사업체망에 이르게 했다는 이유로 원·하청업체의 안전보건관리책임자(소장)들을 산업안전보건법 위반 및 업무상 과실치사로 기소했습니다. 원청사와 그 대표이사를 중대재해처벌법 위반으로도 기소했는데, 그 안전보건확보 의무 위반사항은 ① 안전보건관리책임자 등 업무수행 평가기준 마련 ② 종사자 의견 청취 및 개선 방안 마련 ③ 하도급업자 안전보건 관리비용에 관한 기준 마련을 제대로 하지 않았다는 것입니다.

조선업은 직접적인 작업 수행 인력의 80%가 하청업체 소속 근로자고, 가변적 생산 일정에 기반해 인력 운용을 맞추고자 이른바 '물량팀'도 활용함에 따라 영세 하청업체의 사고 발생 위험이 더 높은 상황입니다. 또한 실제 사망사고의 70%가 하청 근로자 사고이며, 안전인식 수준이 낮은 외국인 근로자들이 늘어나고 있다는 점도 위험 요인에 포함됩니다. 국내 산업안전보건법과 중대재해처벌법은 사업장 내 수급업체(협력·하청업체) 근로자에 대한 안전보건관리의무를 도급업체에 지우는 구조입니다. 원청은 사업장 내 모든 근로자의 위험 요인을 점검하고 안전보건 조치를 이행하는 체계화된 안전보건 시스템을 구축·이행하기 위해 최선을 다해야 할 것입니다.

최근 5년간 사고 사망자 수와 재해자 수

연도	사업장 수	근로자 수	사고 사망자 수			재해자 수		
			계	사고	질병	계	사고	질병
2019	7,261	143,486	27	8	19	2,055	856	1,199
2018	7,407	169,455	26	7	19	1,848	764	1,084
2017	7,393	198,328	29	20	9	1,953	932	1,021
2016	8,236	229,899	32	32	7	1,911	1,320	591
2015	8,438	233,730	31	31	6	1,940	1,940	536

SECTION 2   Case ⑬

감전 사고

중소 규모의 건설업 현장에서 집중적으로 발생

고용노동부, '근로자 감전사' ○○건설 본사·원주공장 등 압수수색

노동 당국이 2022년 9월 근로자 감전 사망사고가 발생한 ○○건설에 대한 강제수사에 나섰다. 2022년 12월 6일 고용노동부에 따르면 노동부 강원지청은 이날 오전 9시 30분부터 ○○건설 서울 본사와 강원도 원주에 있는 공장 내 공사 현장 사무실, 경기도 화성에 있는 하청업체 등 3곳을 압수수색했다.

앞서 지난 9월 21일 ○○건설이 시공하는 ○○공장 증축 공사 현장에서 하청업체 근로자 A(49)씨가 변압기실에 있는 장비를 교체하던 중 감전돼 숨졌다.

노동부 강원지청은 이 사고와 관련해 안전보건관리책임자가 감전 사고를 예방하기 위한 산업안전보건법상 구체적인 안전조치를 이행했는지 확인하고 있다. 아울러 경영책임자가 근로자의 전기 작업 시 감전 가능성을 발견·통제하기 위한 중대재해처벌법상 안전보건확보의무를 적법하게 이행했는지 살펴보고 있다.

노동부는 "사업장들이 중대재해를 예방할 수 있도록 지원에 최선을 다하겠다"라며 "작업 특성상 수반되는 예견 가능한 위험을 방치해 발생한 중대재해에 대해서는 엄중하게 조치할 것"이라고 밝혔다.

연합뉴스

2022년 7월 산업 현장에서 감전 사망사고 4건이 연달아 발생했습니다. 이에 안전보건공단에서는 별도로 '감전 사망사고 사례 및 안전수칙 알림'이라는 자료를 배포하고 산업 현장에 주의를 촉구했습니다. 안전보건공단에서 제공하는 통계를 통해 지난 10년간 발생한 감전 사고 유형을 살펴보면, 주로 중소규모 건설업 현장에서 가설 전기공사를 하거나 준공 시 전기배선 공사를 진행하면서 집중적으로 발생한 것으로 나타났습니다. 이 외 제조업 현장에서도 부품 교체 또는 유지보수, 청소작업, 기계 설치, 용접 등 순서로 감전 사고가 발생했습니다.

2022년에 발생한 주요 감전 사망사고 사례도 사고 유형은 대체로 같습니다. 증축 공사 현장 내 변압기실에서 전기 패널 내부의 노후화된 진공차단기를 교체하다가 감전돼 사망한 사고(원주, 9월), 외부 비계 작업을 하던 중 전깃줄에 감전된 사고(전북, 7월), 철거 현장에서 변압기 철거를 위해 전동공구를 사용해 케이블 접속부를 해체하던 중 감전돼 사망한 사고(홍성, 1월), 제조업체에서 철강선과 스테인리스선을 아크용접(220V/6V)해 이은 후 이음부를 핸드그라인더(220V)로 마무리 작업하던 중 감전돼 사망한 사고(경기도, 7월), 전도목 전지작업 중 작업용 가지톱이 가공전선에 접촉해 감전 사망한 사고(서울, 8월) 등이 있었습니다.

이러한 감전 사고는 아차하는 순간 전신 화상을 입거나 전류가 심장을 지나는 경우 순간적으로 심정지에 이르기도 하는 위험한 사고입니다. 대부분의 사고가 사망사고를 유발하므로 중대재해에 해당할 뿐 아니라 일반적으로 유사하거나 예상 가능한 원인으로 인해 사고가 발생한다는 점에서 관리상 책임이 인정되고, 이에 따라 처벌될 가능성이 있습니다.

감전사고에 대한 대응

이러한 사고를 방지하기 위해 먼저 산업안전보건기준에 관한 규칙에서 정하고 있는 기본적인 전기작업 관련 안전조치가 이뤄졌는지 점검할 필요가 있습니다. 위 규칙에서는 고압 전기작업 시 반드시 사전에 작업계획서를 작성한 후 계획에 따라 작업을 실시하도록 하고, 충전부가 노출된 곳에는 방호망이나 절연 덮개 등을 설치해야 하며, 전기작업 시에는 접지, 누전차단기, 전류차단 등 조치를 해야 하는 등 구체적인 안전보건조치 의무 규정을 두고 있습니다. 또한, 사업주는 중대재해처벌법 측면에서 이를 관리·감독할 수 있는 적절한 법정관리자를 배치하고, 위험성평가를 실시·반영하며, 안전·보건 관련 법령 준수 여부를 점검하는 등 위와 같은 안전조치가 현장에서 누락되지 않도록 하는 경영상 또는 관리상 의무를 이행해야 합니다.

고용노동부의 조사 결과에 따르면 △전기가 흐르는 전로 주변에서 방호조치를 하지 않거나 절연장갑·장화 등 보호구를 착용하지 않고 작업하면서 발생한 사고 △분전반·배전반 등 작업을 하면서도 전로를 차단하지 않은 채 진행해 발생한 사고 △전기기계·기구 등 사용 시 접지하지 않거나, 누전차단기 없이 사용해 발생한 감전 사고 등이 사고의 90% 이상을 차지한다고 합니다. 즉 규정에 따라 사전 점검만 진행하더라도 현재까지 기록된 사고 중 90% 이상은 예방할 수 있다는 것입니다. 앞서 살펴본 사고들 역시 전로 주변에 대한 방호조치를 하거나 적절히 전로를 차단하는 작업만 사전에 취했어도 충분히 예방할 수 있는 일이 대다수였습니다.

현장에서의 핵심 안전조치

구분	내용
전기 충전부 방호	전기기계·기구 등의 직접 접촉 방지를 위한 방호조치
접지, 누전차단기 설치	전기기계·기구 외함 접지, 누전차단기 설치, 휴대형은 이중절연기기 사용
절연용 보호구 등 사용	이동·휴대 장비 등을 사용하는 작업, 정전전로 또는 그 인근에서의 작업, 충전전로에서의 작업, 밀폐공간, 충전전로 인근 차량·기계장치 등의 작업
정전전로 등에서 안전작업 절차 준수	작업 전 해당 전로의 차단, 전로 차단 절차 준수 및 전원 공급사의 절차 준수
충전전로 등에서 안전작업 절차 준수	정전조치, 방호·차폐·절연 등의 조치, 절연용 방호구 등의 사용 등 준수, 접근 한계 거리 준수, 감시인 배치 등

자료 안전보건공단

감전은 근육의 수축, 호흡곤란, 심실세동 등을 일으키며 사망에 이르게 한다. 또한 생리적 현상에 기인해 떨어짐·넘어짐 등 2차적 재해를 유발한다.

이러한 사고 유형을 토대로 감전 사고를 예방하기 위한 주요 대응 방법을 정리할 수 있습니다. ① 감전 위험 작업 전 전로 차단 ② 전기기계·기구 접지 및 누전차단기 설치·점검 ③ 전로 주변 작업 시 방호·보호조치 등 3가지 기본 원칙만 준수해도 효과적으로 감전 재해를 예방할 수 있다는 점을 명심하고, 적절한 사전조치를 취해야 할 것입니다.

또한 감전 사고는 종사자뿐 아니라 일반 시민에게도 발생할 수 있다는 점을 유의해야 합니다. 즉 직원들에 대한 안전조치 이외에도 공중이용시설을 소유하거나 점유하고 있는 회사의 경영책임자등은 위험 장소에 대한 일반 시민의 출입통제, 안전교육, 시설물안전법·전기안전관리법 등 관계 법령의 점검 등을 철저히 할 필요가 있습니다.

SECTION 2   Case ⑭

붕괴 사고

기타·원인 미상 사고의 65%는 자연재해 탓

안성 저온 물류창고 공사장서 근로자 5명 추락… "1명 사망"

2022년 10월 21일 경기 안성시 원곡면 외가천리 A회사 저온물류창고 신축 공사 현장에서 추락 사고가 발생해 근로자 1명이 사망했다.

이날 사고는 건물 4층에서 근로자 8명이 시멘트 타설 작업을 하던 중 거푸집이 무너지면서 발생했다. 근로자 3명은 자력으로 대피했지만 5명은 5~6m 아래로 떨어져 크게 다쳤다. 이 사고로 근로자 3명이 심정지 상태로 병원에 옮겨졌다. 이 가운데 국적이 확인되지 않은 40대 남성 근로자 1명이 숨졌고, 외국인 근로자인 60대 남성과 30대 여성 등 2명은 회복 중이다.

소방 당국 관계자는 "심정지 환자 3명 중 1명은 숨졌으며, 2명은 자발순환회복(심장이 다시 뛰어 혈액이 도는 상태) 상태"라고 말했다. 또 다른 부상자인 50대 남성 근로자 2명은 두부 외상 등의 부상으로 치료받고 있다.

사고가 난 건물은 지하 1층·지상 5층에 건축 연면적 약 2만7000㎡ 규모로, 2021년 8월 착공해 2023년 2월 완공될 예정이었다. 거푸집이 무너진 이유에 관해서는 알려진 바 없다.

시공사는 ○○건설로, 상시 근로자 수가 200명을 넘어 중대재해처벌법 적용 대상 사업장인 것으로 파악됐다. 경찰과 소방 당국은 자세한 사고 경위를 조사하고 있다.

오세성 한경닷컴 기자 sesung@hankyung.com

대규모 고층 건물이 늘어남에 따라 건물을 신·개축하는 과정에서 발생하는 산업재해로서의 건물 붕괴 사고뿐 아니라 일반 시민에게 피해를 주는 건물 붕괴 사고의 위험성도 커지고 있습니다. 행정안전부 발표에 따르면, 2020년에 발생한 붕괴 사고는 총 4557건에 달합니다.

행정안전부가 발간한 2020년 재난연감에 따르면 '자연재해'에 의한 붕괴 사고가 65%를 차지해 폭우, 강풍, 폭설 등 기상 조건이 붕괴를 촉발하는 주요 요인임을 알 수 있습니다. '기타' 또는 '원인 미상'도 33%를 차지하는 것으로 나타났습니다. 1980년대 이후 현재까지 발생한 주요 붕괴 사고 16건을 분석한 결과 철거 공사를 포함한 공사장에서의 붕괴 사고가 8건으로 절반을 차지했습니다. 또한 붕괴 사고 중 사고 조사 과정에서 부실 설계나 시공, 무리한 증·개축, 안전 점검 소홀 등 관리상 문제점이 확인된 사고도 7건에 이릅니다.

중대재해처벌법이 시행된 2022년 1월 27일 이후 발생한 실제 사고 사례를 살펴보면, A대학교 기숙사 철거 공사 중 건물 굴뚝이 무너져 굴착기 작업 중이던 기사가 사망한 사고, B아파트 신축 공사 현장에서 구조물(외벽)이 붕괴한 사고 등이 있습니다.

중대재해처벌법의 적용

건물 공사 과정에서 발생한 중대산업재해의 경우 사고 원인이 된 작업이 작업계획서상의 내용과 다르게 진행된 것은 아닌지, 취약 부분에 대

고용노동부가 2021년 12월 발표한 산업재해 예방조치의무 위반 사업장 1243곳의 명단을 보면 건설업이 59%를 차지하며, 중대재해 발생 사업장 중 사망 재해자가 2명 이상 발생한 사업장의 71%가 건설업체였다.

한 사전 안전 점검이나 조사가 충분히 이루어졌는지를 중심으로 중대재해처벌법 위반 혐의에 대한 수사가 진행될 것입니다.

공사를 진행한 시공사가 일부 건설공정에서 불완전한 작업을 하거나 불량 자재 또는 저강도 부재를 사용하는 등 시공에 하자가 있었다고 인정될 경우(1995년 성수대교 붕괴 사고에서 문제가 된 부실 시공, 2014년 M리조트 붕괴 사고의 원인인 지붕 패널과 중도리의 부실 결합 등), 그러한 행위가 건설산업기본법 등 건설 관계 법령 위반행위를 구성한다면 그 자체로 안전·보건 관계 법령에 따른 의무이행에 필요한 관리상 조치를 이행하지 않은 것으로 평가될 수 있습니다. 이 경우 중대재해처벌법 제4조 제1항 제1호(중대산업재해의 경우) 또는 제9조 제2항 제4호(중대시민재해의 경우)에 따른 조치의무를 미이행한 것에 해당할 가능성이 높습니다.

원인별 붕괴 사고 현황

구분	합계	자연재해	추돌·충돌	기타·원인 미상
합계	4557	2938	117	1502
서울	297	119	14	164
부산	914	762	8	144
대구	155	114	2	39
인천	237	129	2	106
광주	74	33	-	41
대전	51	27	2	22
울산	289	154	5	130
세종	12	4	-	8
경기	790	400	34	356
강원	153	110	2	41
충북	104	66	1	37
충남	173	107	9	57
전북	73	29	4	40
전남	154	95	9	50
경북	674	534	12	128
경남	273	161	13	99
제주	134	94	-	40

자료 행정안전부, 2020년 기준

건물이 완공된 후 해당 건물의 유지·관리 미비로 사고가 발생했다면 해당 건물을 소유하며 관리해온 운영사도 중대재해처벌법상 책임을 지게 될 수 있습니다. 이 경우 안전보건관리체계 구축 및 그 이행에 관한 조치를 이행함으로써 중대재해처벌법 제9조 제2항 제1호에 따른 조치의무를 준수했는지가 중요한 판단 요인입니다. 예컨대 폭설·폭우와 같은 자연재해로 인해 건물에 안전사고가 발생할 경우를 대비해 필요한 인력 배치·예산편성·점검 등의 조치를 취했는지가 쟁점이 될 수 있습니다.

자연재해로 인한 붕괴 사고의 경우 불가항력적 측면이 있습니다. 그렇지만 주기적으로 건물의 안전 점검을 수행하고 자연재해로 인한 피해를 예방하기 위해 최소한의 방지 작업을 하는 등 안전조치는 반드시 필요합니다.

SECTION 2   Case ⑮

골프장 해저드 사망사고

이용객의 부주의가 인정되더라도 안전조치 없었다면 중대시민재해

골프장 연못에 빠져 숨진 골퍼… 경찰, 캐디도 입건했다

전남 순천의 한 골프장에서 이용객이 연못에 빠져 숨진 사건과 관련해 경찰이 경기보조원(캐디)을 추가 입건했다.

2022년 8월 7일 전남경찰청은 업무상과실치사 혐의로 경기보조원 A씨를 입건해 조사 중이라고 밝혔다. A씨는 사고 당시 공을 주우려다 3m 깊이의 연못(워터 해저드)에 빠져 숨진 여성 골퍼를 제지하거나 위험성을 경고하지 않은 혐의를 받고 있다.

경찰은 연못 주변에 울타리 등 시설물 안전조치를 제대로 하지 않은 혐의로 골프장 안전 담당자 1명을 입건해 조사 중이다. 또 안전 및 보건 확보의무를 이행하지 않았을 경우 사업주까지 처벌할 수 있는 중대시민재해에 해당하는지도 검토하고 있다.

중대시민재해는 공용이용시설 또는 공중교통수단의 설치·관리상 결함을 원인으로 인해 발생한 재해를 말한다. 사망자가 1명 이상 발생하거나, 동일한 사고로 2개월 이상 치료가 필요한 부상자가 10명 이상 발생하거나 동일한 원인으로 3개월 이상 치료가 필요한 질병자가 10명 이상 발생한 경우에 대해 관련 혐의를 적용한다. 혐의가 인정될 경우 사업주 또는 경영책임자등은 1년 이상의 징역 또는 10억원 이하의 벌금에 처한다.

앞서 2022년 4월 27일에도 순천시의 한 골프장에서 골프를 치던 50대 여성이 공을 주우려다 3m 깊이의 연못에 빠져 숨졌다.

노정동 한경닷컴 기자 dong2@hankyung.com

국내 골프장이 사상 최대 호황을 누리고 있는 가운데 이용객 증가와 함께 골프장 안전사고도 2017년 675건에서 2021년 1468건으로 5년 새 2.2배 증가했고, 부상자도 2017년 603명에서 2021년 1355명으로 크게 늘었습니다. 이 중 타구 사고, 카트 사고(추락, 전복, 충돌)가 사망자를 낳는 경우는 거의 없고, 사망사고는 대개 이용객이 연못에 빠져 발생한 익사 사고였습니다. 라운드 중에 종종 안전을 경시한 채 워터해저드 주변에서 무리하게 로스트볼을 찾는 경우가 있는데, 해저드 주변에 안전 펜스 또는 경고 문구(수심, 익사 사고 주의 등)가 적절히 설치돼 있지 않은 탓입니다.

골프장 이용객의 익사 사고는 중대재해인가

그렇다면 익사 사고가 골프장의 미흡한 시설관리로 인해 일어난 경우 중대재해처벌법상 책임을 지게 될까요? 중대재해처벌법은 공중이용시

해저드

골프 코스에 산재한 여러 장애물을 통칭하며, 호수나 강을 포함한 워터해저드, 벙커 등의 인공장애물 등을 말한다. 2019년 개정된 새로운 룰에 의해 해저드는 더 이상 골프 용어로 쓰이지 않고 페널티 구역(Penalty Area)으로 통일됐다.

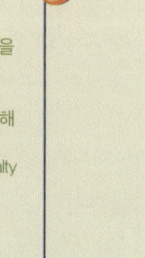

> 문제 사업장 내 안전사고를 대비한 인력·예산 투입, 시설 설치 및 점검, 위험성평가 책임을 소홀히 했다고 여겨지면 중대시민재해로 인정될 수 있다.

설의 관리상 결함을 원인으로 사망자가 1명 이상 발생한 재해를 '중대시민재해'로 규정하고 있으므로(법 제2조 제3호 가목), 골프장 이용객의 익사 사고가 중대시민재해에 해당하는지 살펴봐야 합니다.

먼저 중대재해처벌법은 '공중이용시설'의 개념을 '연면적 5000㎡ 이상의 운동시설'로 규정하고 있습니다(중대재해처벌법 제2조 제4호 나목, 같은 법 시행령 제3조 제2호 [별표 3] 제5호의 3), 건축법 시행령 제3조의 5). 골프장의 전체 부지면적은 평균적으로 34만㎡(9홀)에서 90만㎡(18홀)로, 공중이용시설에 해당합니다. 중대재해처벌법은 사업주 또는 경영책임자등에 대해 실질적으로 지배·운영·관리하는 공중이용시설의 설계·설치·관리상 결함으로 인한 그 이용자나 그 밖의 사람의 생명, 신체의 안전을 위해 안전보건확보의무를 지우고 있습니다. 여기서 '실질적으로 지배·운영·관리'란 사업주, 법인 또는 기관이 공중이용시설에 대해 ① 소유권·점유권·임차권 등 장소, 시설, 설비에 대한 권리를 가지고 있거나, ② 공중이용시설의 유해·위험요인을 통제할 수 있거나, ③ 보수·보강을 실시해 안전하게 관리해야 할 의무를 지니는 경우 등을 일반적으로 의미하는데, 골프장 운영자에게는 이러한 의무가 인정되는 데 무리가 없어 보입니다.

골프장 이용객의 부주의가 경합하는 경우

만약 골프장 이용객의 부주의가 경합하는 경우에도 중대시민재해에 해당할까요?

중대시민재해의 요건으로서 '설계·제조·설치·관리상의 결함'이란 시설, 설비, 부품, 자재 등 그 자체의 원인에 의한 것이어야 하므로 ① 이용자의 부주의가 원인이 된 사고나, ② 「재난 및 안전관리 기본법」 제3조 제1호 가목의 자연 재난(태풍, 홍수, 강풍)으로 인한 사고 등 해당 시설 운영자의 관리범위를 벗어나는 사항이 중대재해사고 원인인 경우는 일반적으로 중대시민재해에서 제외됩니다.

다만 운영자의 관리상 결함과 위와 다른 요인들이 중첩적으로 작용해 중대재해 발생 원인이 된 경우라면 중대시민재해에 해당할 수도 있습니다. 예컨대 골프장 측에서 해저드 주변에 안전 펜스, 경고 문구(수심, 익사사고 주의 등), 구명 튜브 등을 적절히 설치하지 않았거나, 캐디가 해저드의 위험성을 경고하고 안전사고 지침을 전달하는 등 필요한 안전조치를 취하지 않았다면 이용객의 부주의가 인정되더라도 익사 사고는 중대시민재해가 될 것입니다.

반면 골프장 측에서 해저드 주변에 울타리와 위험 경고 표지판을 설치하고, 주의 사항을 충분히 전달하는 등 안전조치를 취했음에도 이용객이 이를 무시하고 넘어간 것이라면 골프장 측의 관리상 잘못이 있다고 볼 수 없을 것입니다.

최근 해저드 사망사고 및 카트 전복 사고 등으로 인해 골프장들은 이용객에게 라운드 전에 안전사고에 대한 주의 사항을 전달하고, 책임 여부를 명시해 서명도 받고 있는 추세입니다. 물론 해저드 근방에서 사고 방지를 위해 이용객도 어느 정도 주의를 기울일 의무가 있습니다. 하지만 실제로 사고가 발생한 워터해저드는 안전 펜스와 위험을 알리는 표지판이 없어 이용객이 무심결에 접근하기 쉽고, 대부분 구조상 문제를 지니고 있는 것으로 알려졌습니다. 따라서 골프장 측은 이용객에게 해저드의 위험성을 경고하고 인지시키는 것은 물론 시설물 보강에도 힘써야 할 것입니다.

SECTION 2   Case ⑯

수영장 사망사고

중대재해처벌법에 따른 민형사상 책임은?

광주 실내 수영장서 30대 프리다이빙 수강생 사망

광주의 한 실내 수영장에서 프리다이빙(수중 호흡기 없이 잠수) 수강생이 심정지 상태로 발견됐지만 끝내 사망해 경찰이 수사에 나섰다.

광주 서부경찰서에 따르면 30대 A씨는 2022년 12월 10일 오후 3시 56분께 광주 서구 풍암동 모 실내 수영장에 있는 수심 5m 다이빙 구역에서 심정지 상태로 발견됐다.

신고를 받고 출동한 소방대원이 응급처치를 하며 인근 병원으로 이송했지만, A씨는 같은 달 21일 끝내 사망했다.

사고가 발생한 다이빙풀은 광주도시공사가 개인 사업자에게 운영을 위탁한 곳으로, 경찰은 현장에 안전요원이 있었는지, 안전 수칙을 지켰는지 등을 확인하고 있다.

또 프리다이빙 강사와 수탁 사업자에게 업무상 과실치사 혐의를 적용하는 방안도 검토 중이다.

이보배 한경닷컴 객원기자 newsinfo@hankyung.com

2022년 6월, 강원도 홍천의 한 워터파크 파도풀에서 8세 아이가 구명조끼를 입은 채 물에 엎드려 있다가 8분 만에 심정지 상태로 발견됐습니다. 이후 아이는 심폐소생술을 받으며 병원으로 옮겨졌으나, 41일 만에 사망했습니다. 이 사고와 관련해 경찰은 워터파크 관계자를 업무상 과실치사 혐의와 중대재해처벌법 위반 혐의로 수사했습니다.

이처럼 물놀이 시설에서 사망사고가 발생하는 경우 사업주나 경영책임자에게 중대재해처벌법에 따른 민형사상 책임을 물을 수 있는지가 관건입니다.

문화체육관광부에 따르면 전국에 있는 물놀이형 유원시설 213곳 중 약 14%인 30곳만 종합유원시설로 중대재해처벌법 적용 대상이며 나머지 183곳은 이 법이 적용되지 않습니다. 이에 작은 규모의 실내 수영장은 대부분 중대재해처벌법 적용 대상에서 제외될 것입니다. 실내 수영장의 경우 「실내공기질 관리법」 제3조 제1항의 시설에 해당해야 중대재해법이 적용되는데, 이를 위해서는 '관람석 수 1000석 이상인 실내 체육시설'에 해당해야 합니다(중대재해처

근린생활시설

주택가에서 생활에 필요한 수요를 공급할 수 있는 시설로 1·2종 근린생활시설로 나뉜다. 1종에는 슈퍼·목욕탕, 이용원·의원·체육관 등이 포함되며, 2종에는 대중음식점·다방·기원·헬스클럽 등이 속한다.

벌법 제2조 제4호 가목). 우리나라에 이 정도 규모를 갖춘 실내 체육시설은 2019년 광주 세계수영선수권대회 주경기장으로 사용된 남부대학교 시립국제수영장 등 극소수에 불과합니다. 다른 물놀이 시설인 목욕장의 경우 '연면적 1000㎡ 이상인 목욕장업의 영업시설'이거나, '목욕장업 중 맥반석·황토·옥 등을 직접 또는 간접 가열해 발생하는 열기나 원적외선 등을 이용해 땀을 배출하게 할 수 있는 시설 및 설비를 갖춘 것으로 수용 인원이 100명 이상인 것' 등

대규모 시설만 중대재해처벌법의 규율을 받습니다.
그러나「건축법」제2조 제2항에 따라 구분된 용도 중 둘 이상의 용도에 사용되는 건축물로 연면적 2000㎡ 이상인 것(중대재해처벌법 시행령 [별표 2] 제16호)에 해당하는 경우에는 판단이 달라질 수 있습니다. 이러한 건축물의 예로는 판매시설, 근린생활시설(음식점 등을 포함), 체육시설(수영장 등을 포함), 숙박시설 등과 같이 여러 가지 용도에 사용되는 건축물인 백화점·호텔 등을 들 수 있습니다. 이와 같이 둘 이상의 용도로 사용되는 2000㎡ 이상의 건축물이 부대시설로 수영장을 두고 있다면, 수영장이 '관람석 수 1000석 이상'의 규모를 갖추지 못했더라도 건축물 전체가 '공중이용시설'로서 중대재해처벌법 적용 대상이 될 수 있습니다.

관리상의 결함

일단 중대재해처벌법상 중대시민재해가 발생할 수 있는 공중이용시설에 해당하더라도, 그 설계·제조·설치·관리상의 결함과 발생한 재해 사이에 인과관계가 인정돼야 중대시민재해로 판단될 수 있습니다. 위 워터파크 사고와 관련해서는 특히 관리상 결함이 문제 될 수 있는데, 여기서 관리상 결함이란 설계·제조·설치 이후 상당한 주의로 관리되지 않아 결함이 발생한 경우를 의미하는 것으로 해석됩니다. 상당한 주의의무를

대형 워터파크는 중대재해처벌법 적용 대상인 반면 대부분의 실내 수영장은 적용받지 않으며, 워터파크에서 발생한 사망사고라도 사업자가 안전요원 배치 등 관리의무를 다한 경우 처벌 대상이 아닐 가능성이 높다.

다했는지의 판단은 개별 사안에 따라 달라질 것입니다.

안전 및 보건 확보의무

궁극적으로 어떤 사고가 중대시민재해에 해당한다고 하더라도 사업주와 경영책임자가 안전 및 보건 확보의무를 이행하지 않아 중대산업재해에 이르게 한 경우에만 형사처벌 대상이 됩니다(중대재해처벌법 제10조, 제9조). 여기서 안전 및 보건 확보의무란 재해 예방에 필요한 인력 및 예산 등 안전보건관리체계의 구축 및 그 이행에 관한 조치, 안전·보건 관계 법령에 따른 의무이행에 필요한 관리상의 조치 등을 포함하는 것입니다.
워터파크 사고를 예로 들면, 워터파크와 같은 물놀이형 유원시설에 대해서는 관광진흥법령에 따라 수심 1m를 초과하는 풀에서는 면적 660㎡당 최소 1인을 배치해야 하고, 사업자는 안전요원이 할당한 구역 내에서 부상자를 신속하게 발견해 응급처리를 이행할 수 있도록 이용자 안전관리계획, 안전요원 교육프로그램 및 안전 모니터링계획 등을 수립해야 합니다.
위 사고가 발생한 워터풀은 1.2m 이하의 어린이는 보호자와 함께 이용하도록 되어 있는데, 피해 어린이는 신장이 117cm였음에도 불구하고, 사고 이후 8분 가량 홀로 방치돼 있었습니다. 또 의식을 잃은 어린이를 최초로 발견한 사람은 인솔자나 안전요원이 아닌 제3자였기 때문에 안전요원 배치 의무 등 관광진흥법령에 따른 관리상의 조치를 했는지 확인이 필요합니다. 이처럼 위 사건의 수사 과정에서는 사고 경위와 관광진흥법령상 의무에 비춰 해당 워터파크가 중대재해처벌법상 안전 및 보건확보의무를 제대로 이행했는지가 주된 쟁점이 될 것으로 보입니다.
해당 시설들의 사업주들은 비록 중대재해처벌법 범위에서 벗어나 있더라도 다른 법률에 따른 안전 조치를 취할 의무를 부담한다는 점을 잊지 말아야 하며, 중대재해처벌법 위반죄가 성립되지 않더라도 일반 형법에 따른 업무상 과실치사상죄가 성립될 수 있다는 점에 유의해야 합니다.

SECTION 2   Case ⑰

주차장 침수 사고

아파트 지하 주차장은 중대재해처벌법 미적용되나 상업용 빌딩은 적용 가능

포항 지하 주차장서 5명 구조… "2명 생존·3명 의식불명"

제11호 태풍 힌남노 영향으로 침수된 경북 포항의 한 아파트 지하 주차장에서 실종된 주민 7명 가운데 5명이 구조됐다. 이들은 차를 빼러 갔다가 실종된 것으로 알려졌다.
구조된 5명 가운데 39세 남성과 51세 여성은 생존한 상태로 병원으로 이송됐고, 여성 2명과 남성 1명은 심정지 상태로 추정된다고 소방 당국은 밝혔다.
생존 여성은 지하 주차장 상부에 있는 배관 위에 올라타 엎드려 있는 상태에서 발견됐고, 남성은 지하 주차장 내 에어포켓으로 추정되는 공간에서 발견됐다.

당국은 실종자들을 추가로 찾기 위해 지하 주차장 배수 작업과 수색을 이어가고 있다.
앞서 태풍으로 폭우가 쏟아진 2022년 9월 6일 오전 7시41분께 포항시 남구 인덕동 한 아파트 지하 주차장에 차를 빼러 갔는데 연락이 되지 않는다는 신고가 소방 당국에 잇따라 접수됐다.
소방 당국은 아파트 단지 1차와 2차에 사는 주민 7명이 이날 오전 6시 30분께 지하 주차장 내 차량을 이동 조치하라는 관리사무실 안내방송 후 차량이동을 위해 나갔다가 실종된 것으로 추정했다.

이보배 한경닷컴 객원기자 newsinfo@hankyung.com

최근 국내에서 예측불허의 국지성 집중호우 빈도와 강도가 점차 심해져 많은 국민이 지구에 닥쳐온 기후 위기를 체감하고 있습니다.

포항시 아파트 지하 주차장 침수 사고
특히 2022년 여름 국지성 집중호우로 인한 피해가 막심했습니다. 수도권에서 반지하 주택과 빌딩 지하 주차장에서 침수로 인한 사망사고가 발생한 지 얼마 되지 않아 또다시 11호 태풍 힌남노로 인해 경북 포항시의 한 아파트 지하 주차장에서 7명이 사망하는 안타까운 사고가 일어났습니다.

중대재해처벌법 적용 여부
중대재해처벌법 제2조 제3호에서 중대산업재해가 아닌 재해로서 '중대시민재해'를 규정하고 있습니다. 이는 특정 원료 또는 제조물, 공중이용시설 또는 공중교통수단의 설계·제조·설치·관리상 결함을 원인으로 발생한 재해로서 ① 사망자 1명 이상 ② 동일한 사고로 2개월 이상 치료가 필요한 부상자 10명 이상 ③ 동일한 원인으로 3개월 이상 치료가 필요한 질병자 10명 이상의 발생 중 어느 하나의 결과를 야기한 경우로 정의합니다.

주차장 침수 사고는 '공중이용시설'의 설계·제조·설치·관리상 결함을 원인으로 발생한 재해인 경우에 해당할 가능성이 있습니다. 다만 중대재해처벌법의 경우 입법 과정에서 거주 공간인 공동주택 및 이에 준하는 오피스텔, 주거 복합 건축물(주상복합)은 적용 범위에서 제외했습니다. 따라서 아파트의 지하 주차장은 원칙적으로 중대재해처벌법의 적용을 받는 공중이용시설에 해당하지 않습니다.

한편 하천의 하굿둑, 수문 및 통문, 제방, 보, 배수펌프장 등의 구조물과 같은 하천시설은 일정 규모 이상인 경우 '시설물의 안전 및 유지관리에 관한 특별법'에 따른 제1·2종 시설물로서 중대재해처벌법 시행령 [별표 3]에 따라 공중이용시설로 분류됩니다. 만일 포항 아파트 주차장 침수 사고가 하천시설의 결함으로 야기된 것이라면, 관리주체인 지자체나 지방공기업의 중대재해처벌법 제10조에 따른 처벌과 제15조에 따른 손해배상책임의 대상이 될 수 있습니다.

현재 포항시 주차장 침수 사고에 대해서는 경찰의 수사가 이뤄지고 있습니다. 수사 대상에 포항시와 시설관리공단 및 아파트의 관리업체가 모두 포함된 것으로 알려졌습니다.

주차장 침수 사고의 책임 및 방지

중대재해처벌법에서 산업재해와 별도로 가습기 살균제 사건, 세월호 참사와 같은 국민의 재난을 방지하고자 민간 기업은 물론 중앙행정기관과 지자체의 경영책임자등에 대해 중대시민재해의 안전 및 보건 확보 의무를 부여하고, 위반 시 처벌에 관해 정하고 있습니다.

이와 별개로 집중호우와 태풍이 발생시키는 국지성호우로 인한 침수에 특별히 취약한 반지하 주택, 지하철

홍수와 같은 자연재해가 원인이 된 주차장 침수 사고는 공중이용시설의 설계·설치·관리상 인위적 결함이 자연재해와 별도로 재난에 어떠한 영향을 미쳤는지 밝혀 상당인과관계가 인정되는지를 면밀히 따져볼 필요가 있다.

역, 지하 주차장 등 지하공간의 특성이 드러났습니다. 이에 그 안전을 확보하기 위한 대피로의 설계, 차수판을 비롯한 설비 등 안전확보 방안의 의무화를 위해 '재난 및 안전관리기본법', '자연재해대책법' 등 자연재해에 대비하기 위한 법제는 물론, 필요시 건축법 등 관련법의 개정이 필요합니다.

현행 중대재해처벌법상 공중이용시설 범위에서 주거용 건축물의 지하 주차장은 배제돼 있습니다. 필요하다면 재해에 취약한 지하공간에 대해서는 용도와 무관하게 모두 공중이용시설로 규정함으로써 공동주택 등 주거 공간의 관리주체에 대해서도 지하공간의 침수로 인한 재해 방지 의무를 부여하는 것도 개정 방안의 하나로 고려해볼 만합니다.

중대시민재해 적용 대상	
중대시민재해 적용 대상	
공중이용시설	도로 교량, 도로터널, 철도시설, 항만시설, 댐 시설, 건축물, 하천시설, 상하수도 시설, 지하역사, 연면적 2000㎡ 이상 지하상가, 연면적 3000㎡ 이상 도서관·박물관·미술관, 연면적 430㎡ 이상 어린이집
공중교통시설	철도차량, 시외버스 차량, 운송용 항공기
중대재해 발생 시 경영책임자 처벌 내용	
사망자 발생 시	1년 이상 징역형 또는 10억원 이하 벌금형
동일한 사고로 2개월 이상 치료가 필요한 부상자 10명 발생 또는 동일한 원인으로 3개월 이상 치료가 필요한 질병자 10명 발생 시	7년 이하 징역형 또는 1억원 이하 벌금형

자료 국토교통부·서울시 등

SECTION 3

RCA로 알아본
아차사고 예방법

아차사고란 건설공사 중 사고가 발생할 뻔했으나 직접적으로 인적·물적 피해 등이 발생하지 않은 사고로, 크고 작은 건설 사고의 전조 증상을 말합니다. 아차사고가 발생할 경우 해당 사고의 근본적·구조적 원인을 파악하는 데 시간과 노력을 기울이면 중대재해를 막을 수 있습니다.

자료 고용노동부

근본적 원인 해결을 위한 시정조치

1단계

발생 원인을 분석함으로써 재해 발생의 근본 원인을 파악합니다. 이때 발생 원인은 직접 원인(불완전한 상태)과 간접 원인(기술적·교육적·관리적 원인) 등으로 나누어 분석합니다.

직접적 원인 해결을 위한 시정조치

3단계

조치 계획에 대해서는 부서 관리감독자, 부사장, 환경안전팀장, 안전보건관리책임자 등이 검토해 조치 결과 확인을 통해 재발을 방지합니다.

근본 원인 분석(Root Cause Analysis, RCA)은 발생 가능한 원인을 분석해 문제의 근본 원인을 판별하는 방법입니다. 아차사고가 발생한 경우 종사자에게 해당 내용을 제출하게 하고 제출된 결과를 확인해 필요한 조치를 한다면 중대재해를 예방할 수 있습니다. 업무 수행 중 발생한 사고에 대해 아래와 같은 순서로 예방 활동을 진행할 수 있습니다.

2단계 간접적 원인 해결을 위한 시정조치

근본 원인에 대한 조치 계획을 수립해 개선합니다. 조치 계획은 긴급 대응 계획과 영구적 대책으로 나누어 수립합니다.

CASE STUDY

SECTION 3

1. 최고안전담당자(CSO) 선임 효과 있었나

중대재해처벌법이 시행 이후 현재까지 실제 중대산업재해 사고가 발생한 사업장에서 선임된 CSO를 경영책임자로 보고 책임을 물은 사례는 단 한 차례도 없는 것으로 확인되고 있습니다.

➕ 용어 설명

최고안전담당자
기업이 당면한 각종 안전문제를 담당하는 임원으로 최고안전책임자(Chief Safety Officer, CSO)라고 부른다. 일반적인 안전 사항부터 컴퓨터 보안이나 생화학테러 등 가능한 모든 분야의 안전을 최종적으로 책임진다.

중대재해처벌법은 "법인 또는 기관의 경영책임자등에게 해당 법인 또는 기관의 종사자 및 도급, 용역, 위탁 등을 행한 경우 제3자의 종사자를 위한 안전 및 보건 확보의무를 부과하고(제4조, 제5조), 그 의무를 위반해 중대산업재해에 이르게 하면 경영책임자등에게 1년 이상의 징역 또는 10억원 이하의 벌금(징역과 벌금의 병과 가능)에 처한다(제6조 제1항)"라고 규정하고 있습니다.

여기서 '법인의 경영책임자'는 "사업을 대표하고 사업을 총괄하는 권한과 책임이 있는 사람 또는 이에 준하여 안전보건에 관한 업무를 담당하는 사람"을 말합니다. 또 '사업을 대표하고 사업을 총괄하는 권한과 책임이 있는 사람'이란 주로 법인의 대표이사를 의미하는 것으로 해석함에 큰 이견이 없습니다.

그러나 '이에 준하여 안전보건에 관한 업무를 담당하는 사람'의 개념에 대해서는 중대재해처벌법을 시행한 지 1년이 지난 현재까지도 확실한 개념 정의가 내려지지 않고 다양한 의견이 존재합니다. 고용노동부의 중대재해처벌법 시행령 주요 내용 설명 자료는 "대표이사에 준하여 안전 및 보건에 관한 예산·조직·인력 등 안전보건체계 구축 등에 전적인 권한과 책임을 가지는 등 안전 및 보건 의무 이행에 최종적인 의사결정권을 가진 사람"을 의미한다고 명시하고 있습니다. 실무적으로는 '이에 준하여 안전보건에 관한 업무를 담당하는 사람'의 개념에 대해 안전보건 담당 임원, 생산담당 대표 등 주로 최고안전담당자(Chief Safety Officer, CSO)를 의미하는 규정이라고 해석하는 주장이 주를 이룹니다.

법 시행 대비한 대기업들의 CSO 선임 열풍

최근 국내 대기업 사이에 CSO 선임 열풍이 불었습니다. 중대재해처벌법 시행에 대비하는 동시에 뜨거운 이슈인 ESG 경영에 발맞추기 위해서입니다. 전사적 안전보건관리 업무를 총괄하는 CSO에게 이 업무에 관해서는 이사회 의결, 위임전결규정

> CSO를 선임하더라도 실질적 경영을 담당하는 조직 대표자가 함께 책임을 부담할 수 있다는 전제하에 중대재해처벌법상 의무 사항을 이행하는 것이 가장 바람직하다.

에 따라 대표이사로부터 독립적인 지위와 권한을 부여하고 이사회 ↔ CSO ↔ 안전보건 전담 조직으로 이어지는 관리체계를 구축하는 것이 관행화되고 있습니다.

중대재해 사고 책임을 CSO에게 물은 사례는?

2022년 12월 31일 현재 고용노동부가 중대재해처벌법 위반 혐의를 조사해 검찰에 '기소 의견'으로 송치한 사건은 총 34건인데, 이는 모두 CSO가 아닌 대표이사 나아가 그룹 회장에게 사고 책임을 물은 것으로 확인됐습니다.

특히 2022년 2월 19일경 경남 고성군 소재 조선소 선박 수리 공사 현장에서 근로자가 추락사한 사건은 CSO가 선임돼 있음에도 CSO가 아닌 대표이사를 기소한 최초의 사례로 기록됐습니다. 당시 원청인 A사로부터 하도급을 받은 B사 소속 근로자는 추락 방호망, 안전대 부착 설비가 설치되지 않은 10m 높이 통로에서 추락해 사망했습니다. 검찰은 원청인 A사가 선임한 CSO를 명목상 선임된 임원에 불과한 것으로 보고 대표이사에게 실질적·최종적 책임을 물어 중대재해처벌법 위반죄로 기소했습니다.

다만, 위 사례에서 언급된 회사에는 CSO에게 대표이사에 준하여 안전 및 보건에 관한 예산·조직·인력 등 안전보건체계 구축 등에 전적인 권한과 책임을 가지는 등 안전 및 보건 의무이행에 최종적인 의사결정권이 부여되지 않았기에 단순히 명목상 선임된 임원으로 평가된 것으로 보입니다. 반면 안전 및 보건 의무이행에 최종적인 의사결정권이 부여되고, 대표이사로부터 독립된 지위를 가지며, 안전관리 예산 및 인사 전권을 행사할 수 있는 CSO가 있는 회사의 사업장에서 중대산업재해 사고가 발생한 경우에도 검찰이 CSO가 아닌 대표이사에게 실질적·최종적 책임을 물어 기소할 수 있을 것인지에 관해서는 기업과 중대재해 대응 실무자 사이에 초미의 관심이 집중되고 있습니다.

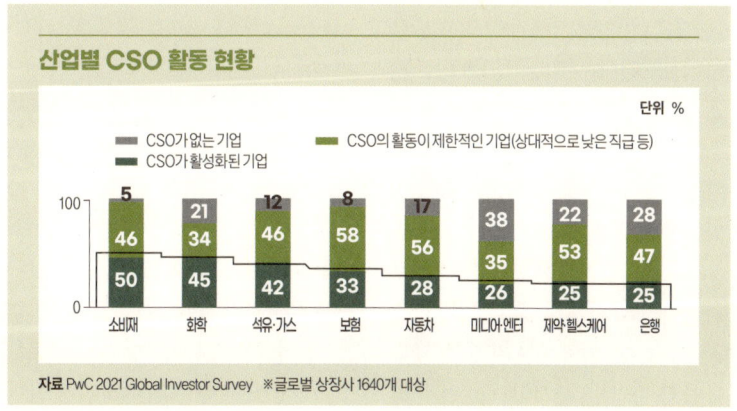

SECTION 3

2. 애매한 발주처와 도급인을 구별하는 기준

산업안전보건법은 "건설공사 발주자를 건설공사를 도급하는 자로서 건설공사의 시공을 주도하여 총괄·관리하지 않는 자로, 도급받은 건설공사를 다시 도급하는 자는 제외한다"라고 정의하고 있습니다 (제2조 제10호).

용어 설명

도급
당사자 일방이 어느 일을 완성할 것을 약정하고 상대방이 그 일의 결과에 대해 보수를 지급할 것을 약정함으로써 그 효력이 생기는 계약을 말한다(민법 제664조).

발주자
청부 계약에 따라 업무를 주문하는 시공주. 매매계약상 주문자를 말한다.

조산업안전보건법의 건설공사 발주자와 중대재해처벌법의 실질적 지배·운영·관리

2020년 1월 16일 시행된 전부 개정 산업안전보건법은 '도급' 또는 '도급인'의 범위는 확대하되 도급인의 정의 조항 단서에는 "다만 건설공사 발주자는 제외한다(제2조 제7호 단서)"라고 규정하고 있습니다. '건설공사 발주자는 "건설공사를 도급하는 자로서 건설공사의 시공을 주도하여 총괄·관리하지 아니하는 자를 말한다. 다만, 도급받은 건설공사를 다시 도급하는 자는 제외한다(제2조 제10호)"라고 정하고 있습니다. 단서에 예외를 규정하고 있어 이에 따르면 수급인이 다시 도급하는 경우 발주자가 아니게 됩니다. 이에 따라 건설공사 발주자는 도급인의 안전 및 보건 조치의무(제63조)를 포함한 산업안전보건법 제62조 또는 제66조에서 정한 도급인으로서의 의무를 부담하지 않습니다.

중대재해처벌법은 산업안전보건법과는 달리 건설공사 발주자에 대한 정의나 이에 적용되는 의무에 관한 규정을 두고 있지는 않습니다. 건설공사에서 중대재해처벌법 제5조의 적용과 관련해 고용노동부는 "건설공사 발주자는 건설공사 기간 동안 해당 공사 또는 시설·장비·장소 등에 대해 실질적으로 지배·운영·관리했다고 볼만한 사정이 없는 한 해당 건설공사 현장의 종사자에 대해 도급인으로 제4조 또는 제5조에 따른 책임을 부담하지 않는 경우가 일반적"이라며 일반적으로 건설공사 발주자에 대해 중대재해처벌법이 적용되는 것으로 해석하고 있습니다(고용노동부 〈중대재해처벌법 해설서〉, 108쪽 참조, 2021년 11월).

그러나 대검찰청 중대재해처벌법 벌칙 해설은 "건설공사에 대해 건설공사 발주자와 도급인의 구분 기준인 '시공을 주도하여 총괄·관리하는지 여부'는 중대재해처벌법상 '실질적으로 지배·운영·관리하는 책임'과 비교할 때 문언적 의미에 차이가 있기 때문에 이를 완전히 동일하게 볼 수는 없다. 즉 산업안전보건법상 건설공사 발주자에 해당한다는 이유로 중대재해처벌법상 제3자의 종사자에 대해 안전보건확보의무를 부담하지 않는다고 단정하기 어렵다. 예컨대 기업이 자신의 사업장 내에서 이루어지는 건설공사를 발주한 경우 시공을 주도하여 총괄·관리하지 않더라도 그 시설·장비·장소 등에 대해 실질적으로 지배·운영·관리하는 책임이 있는 경우가 있을 수 있다"라며, 문언상 차이가 있음을 이유로 건설공사 발주자에 대해서도 중대재해처벌법 적용이 이루어질 가능성이 있다고 합니다(대검찰청 중대재해처벌법 벌칙 해설 94쪽 참조, 2022년 1월). 다만 아래에서 소개하는 하급심 판결의 기준('시공을 주도하여 총괄·관리할 책임이 있는 경우'에 발주자의 안전조치의무 등이 인정될 수 있다)이 적용된다면, 대검찰청 벌칙 해설에서 예시로 든 예외적인 상황이 적용될 가능성은 높지 않은 것으로 판단됩니다.

시공을 주도하여 총괄·관리하지 않는 발주자란?

건설공사 발주자에 해당하는지, 도급인에 해당하는지에 대한 해석상 가장 문제가 되는 개념은 '시공을 주도하여 총괄·관리하지 아니하는 자'에 해당하는지 여부입니다. 즉 시공

산업안전보건법 시행에 따른 도급 시 산업재해 예방 운영 지침

구분	도급인	건설공사 발주자
적용 범위	타인에게 맡기는 물건의 제조·건설·수리 또는 서비스의 제공, 기타 업무(건설공사 포함)	건설공사
구분 기준	건설공사의 시공을 주도하여 총괄·관리하는 자	
주요 의무	◎ 산업재해 예방을 위해 필요한 안전 및 보건조치의무(제63조) ◎ 안전보건 총괄책임자의 지정(제62조) ◎ 안전보건협의체 구성 및 운영, 작업장 순회점검 등의 산업재해 예방조치(제64조) ◎ 특정 위험 작업 시 수급인에 대한 안전 및 복선 정보 제공(제65조) ◎ 관계수급인의 산업안전보건법령 등 위반 시 시정조치(제66조)	◎ 건설공사의 계획 단계에서 기본 안전보건대장의 작성, 설계 및 시공 단계에서 그 기본안전보건대장에 따라 설계·공사안전보건대장을 작성하게 한 뒤 이를 확인하는 등의 산업재해 예방조치의무 부담(제67조) ◎ 2개 이상의 건설공사가 같은 장소에서 진행되는 경우 안전보건조정자 배치(제68조) ◎ 공사 기간 단축 및 정당한 사유 없는 공법 변경 금지(제70조) ◎ 산업재해 발생 우려 시 설계변경(제71조) ◎ 도급 금액에 산업안전보건관리비 계상(제72조)
위반 시 제재	◎ 안전 및 보건 조치의무 위반으로 근로자 사망 시 7년 이하의 징역 또는 1억원 이하 벌금(제167조 제1항) ◎ 안전 및 보건 조치의무 위반 시 그 자체로 3년 이하 징역 또는 3000만원 이하 벌금(제169조 제1항)	◎ 공기 단축 또는 정당한 사유 없는 공법 변경 위반 시 1000만원 이하 벌금(제171조 제1항) ◎ 나머지 위에서 열거된 사항 위반 시 과태료 부과(제175조)

자료 고용노동부, 2020년 3월

SECTION 3

이정식 고용노동부 장관(오른쪽 두번째)이 5일 오전 세종시 정부세종청사에서 열린 확대 간부 회의를 주재하고 있다.

을 주도하여 총괄 관리하는 건설공사 발주자는 도급인의 의무를 부담하게 됩니다.

여기서 '시공을 주도하여 총괄·관리한다'는 의미와 관련해 고용노동부는 설명 자료 등을 통해 당해 ① 건설공사가 사업의 유지 또는 운영에 필수적인 업무인지 ② 상시적으로 발생하거나 이를 관리하는 부서 등 조직을 갖췄는지 ③ 예측 가능한 업무인지 등 다양한 요인을 종합적으로 고려해 판단한다고 밝혔습니다. 나아가 "시공을 주도하여 총괄·관리한다는 것은 직접 시공에 참여하는 것을 반드시 전제로 하는 것은 아니고 비건설업자가 자기 소유의 시설에 대한 유지보수 업무를 도급하고 업무의 범위, 작업 내용, 작업 일정 관리 등에 주도적으로 관여하는 경우도 포함하는 것"이라고 넓게 해석해왔습니다.

최근 건설공사 발주자 관련 판례

이와 관련해 최근 하급심 판결은 위 고용노동부의 해석과는 다소 상이한 기준을 제시하고 있습니다(울산지방법원 2021고단1782 판결(1심), 울산지방법원 2021노1261 판결(2심). 해당 하급심 판결은 '건설공사의 시공을 주도하여 총괄·관리하지 아니하는 자'는 실제로 시공을 주도하여 총괄·관리하지 아니한 자를 의미하는 것이 아니고 '건설공사의 시공을 주도하여 총괄·관리해야 할 지위에 있지 않은 자'를 의미한다고 보는 것이 타당하다고 판시하면서 공장 천장 보수공사 중 일어난 사고의 발주자인 공장주에 대해 무죄를 선고했습니다. 이 같은 해석의 이유로, 실제로 '시공을 주도하여 총괄·관리할 지위에 있는 자'가 책임을 방기하는 경우에 의무를 면하는 반면, 그러한 지위에 있지 않음에도 안전을 위해 의무가 없었던 안전조치를 취하며 시공을 총괄·관리한 경우에는 오히려 처벌되는 불합리한 결과가 발생할 수 있고, 이는 산업안전보건법 규범의 목적에 부합하지 않는다는 점을 밝혔습니다.

그러면서 '건설공사의 시공을 주도하여 총괄·관리할 지위에 있는 자'에 해당하는 경우와 관련 아래 3가지 기준을 제시했습니다. 이에 따르면 ① 건설공사가 도급인의 사업 일부를 구성하고 도급인의 사업과 같은 장소에서 이루어짐에도 이를 외주화해 도급에 의해 행하는 경우(예컨대 도급인의 주요 생산 기계에 대한 유지·보수 공사 등) ② 도급인의 지배하에 있는 특수한 위험 요소가 있어 도급인이 건설공사의 시공을 주도하여 총괄·관리하지 않고서는 수급인이 안전·보건 조치를 실질적으로 이행하는 것이 현저히 곤란해 도급인의 총괄·관리가 필수적인 경우(예컨대 도급인만 위험에 대처할 수 있는 특수한 위험 설비나 자재가 있고, 도급인이 폭발·전도 및 낙하 방지, 근로자 출입 금지 등의 적극적 조치를 취하지 않고서는 수급인이 독자적으로 그러한 위험을 제거하는 조치를 취하는 것이 불가능한 경우) ③ 도급인과 수급인의 각 전문성, 규모, 도급계약 내용 등에 비춰 볼 때, 도급인에게는 건설공사의 시공을 주도하여 총괄·관리할 능력이 있는 반면 수급인에게는 안전·보건 조치를 스스로 이행할 능력이 없음이 도급인 입장에서 명백한 경우(예컨대 대규모 사업체가 전문성과 안전조치 능력을 갖추지 못했음이 명백한 영세 사업체와 낮은 금액으로 도급계약을 체결한 경우 등) 중 하나라도 해당할 경우 '시공을 주도하여 총괄·관리할 지위에 있는 건설공사 발주자'로서 도급인의 책임을 부담해야 합니다.

위 하급심 판결에서 법원은 발주자가 소속 직원을 공사현장 담당자로 배치하고, 발주자의 직원들이 수급인 근로자들에게 안전교육을 실시하며, 화기 작업이나 고소 작업에 대해 작업허가서를 발부하는 등 현실적으로 공사의 시공을 감독·관리한 사실은 인정했습니다. 그러나 "'건설공사의 시공을 주도하여 총괄·관리하지 아니하는 자'는 실제로 시공을 주도하여 총괄·관리하지 아니하는 자를 의미하는 것이 아니고 '건설공사의 시공을 주도하여 총괄·관리해야 할 지위에 있지 않은 자를 의미한다고 해석함이 타당하다"라고 판단했습니다. 법원은 해당 사안에서 위와 같은 기준에 따라 발주자가 건설공사의 시공을 주도하여 총괄·관리해야 할 지위에 있었음이 입증됐다고 볼 수 없다며 발주자 대표이사 및 발주자의 직원에 대해 무죄를 선고했습니다.

발주한 공사의 시공업체는 어떻게 관리해야 하나

위 판결은 하급심 판결로서 아직 확립된 법리로 보기는 어려우므로, 수사기관에서는 아직 기존 고용노동부 해석 기준에 따라 도급인의 범위를 넓게 보는 입장을 유지하고 있는 것으로 보입니다.

중대재해처벌법 시행 이후 고용노동부는 건설공사 현장에서 발생하는 중대재해사고의 발주처가 도급인에 해당하는지를 검토해 입건 또는 본격적인 수사 개시 여부를 결정하고 있으며, 최근 공장 내 설비 개조 공사의 원청 업체를 도급인으로 보아 검찰에 중대재해처벌법 기소 의견으로 송치했다고 보도된 바 있습니다.

그렇지만 법령의 최종적 해석 권한은 법원에 있고, 하급심 법원의 판단이 입법 목적과 안전조치를 적극적으로 시행한 건설공사 발주자가 오히려 불리하게 판단될 수 있다는 문제의식을 적정하게 반영한 것이므로, 사례가 누적될 경우 하급심 판결이 제시한 기준에 따라 건설공사 발주자 해당 여부가 판단될 가능성도 적지 않아 보입니다.

최근 검찰 내부에서도 중대재해처벌법상 도급인에서 건설공사 발주자를 별도 분리해 발주자는 처벌 대상에서 제외해야 하며, 도급인과 건설공사 발주자에 대한 명시적인 구분 기준을 둘 필요가 있다는 주장이 논문을 통해 제기된 바 있습니다. 따라서 건설공사 발주자로서는 시공에 대한 과도한 개입은 자제하되 모든 시공관리·안전관리 업무를 중단할 필요는 없습니다. 위 하급심 판결 및 검찰, 고용노동부 해설서 등을 통해 '시공을 주도하여 총괄·관리해야 할 지위에 있는지'를 판단해보고 이에 해당할 경우 도급인으로서 의무를 이행하는 방향으로 수급인을 관리하는 방안을 고려해야 합니다.

> 건설공사 발주자에 해당하는지, 도급인에 해당하는지에 대한 해석상 가장 문제가 되는 개념은 '시공을 주도하여 총괄·관리하지 아니하는 자'에 해당하는지 여부다.

SECTION 3

3. 유해·위험 요인 확인과 위험성평가

중대재해처벌법에서는 사업 또는 사업장의 특성에 따른 유해·위험 요인을 확인해 개선하는 업무 절차를 마련하고, 해당 업무 절차에 따라 유해·위험 요인의 확인 및 개선이 이뤄지는지를 반기 1회 이상 점검하고 필요한 조치를 취하도록 정하고 있습니다(중대재해처벌법 시행령 제4조 제3호).

⊕ 용어 설명

위험성평가
사업장의 유해·위험 요인을 파악하고 해당 유해·위험 요인에 의한 부상 또는 질병의 발생 가능성과 중대성을 추정·결정하고 감소 대책을 수립해 실행하는 일련의 과정을 말한다.

'유해·위험 요인'이란 유해·위험을 일으킬 잠재적 가능성이 있는 것의 고유한 특징이나 속성을 말합니다. 예를 들어, 건설공사 현장에서는 작업자가 추락할 잠재적 가능성이 있는 대표적 유해·위험 요인으로 개구부가 있을 것입니다. 정기 위험성평가, 현장 순회 점검, 종사자 의견 전달 등의 방법을 통해 개구부를 확인했다면, 그에 필요한 추락 방지 설비(안전난간, 울타리, 추락 방호망 등)를 설치하도록 시스템적으로 관리하는 프로세스를 마련해야 합니다. 이것이 중대재해처벌법에서 요구하는 '유해·위험 요인의 확인 및 개선 절차 마련' 의무의 내용입니다.

경영책임자는 위와 같이 마련한 절차가 제대로 작동하는지 점검하고, 미진한 부분이 있다면 필요한 조치를 지시해야 합니다. 점검 의무는 반기 1회 이상 이행해야 합니다. 다만, 산업안전보건법에 따라 위험성평가를 연 1회 실시하고 그 결과를 경영책임자가 보고받은 경우에는 위 점검 의무를 반기 1회(연 2회) 모두 실시한 것으로 간주합니다. 대부분의 회사는 기존에 실시하던 위험성평가로 중대재해처벌법상 의무이행을 갈음하고 있습니다.

수사에 핵심적 역할

많은 중대재해 사고는 해당 사고에 대한 유해·위험 요인을 미처 파악하지 못했거나 그 중요성을 간과한 상황에서 발생하는 경우가 많습니다. 예를 들어, 밀폐된 공간에서 무색무취의 일산화탄소중독 위험을 간과하고 용접 작업을 하다가 질식 사고가 나는 경우입니다. 용접 작업 자체에 대한 안전 보호구는 모두 구비했다고 하더라도 간과된 위험 요인에 따라 사망에 이를 수 있습니다.

중대산업재해가 발생하면 수사기관은 유해·위험 요인의 확인 및 개선 절차에 관한 서류(통상적으로 위험성평가 결과표) 제출을 요구하고, 필요한 경우에는 강제압수수색도 실시해 입수하고 있습니다. 본격적으로 사고 관계자들에 대한 소환이 시작되면 유해·위험 요인 확인 및 개선 절차에 관해 심도 깊은 조사를 합니다.

다만 현재 중대재해처벌법의 수사

> 66
> 위험성평가를 직접 실시하거나 실시하도록 해 그 결과를 보고받은 경우에는 해당 업무 절차에 따라 유해·위험 요인의 확인 및 개선에 대한 점검을 한 것으로 본다.
> 99

과정에 대한 우려의 목소리도 존재합니다. 실제 수사 과정에서 중대재해처벌법에서 정한 내용 이상의 의무를 이행했는지 확인하는 경향이 있기 때문입니다. 이를테면 건설 현장에서 추락 사고가 발생한 경우, 고용노동부는 당해 추락 사고의 원인이 된 기인물(개구부, 비계)에 관한 추락 위험성이 적절히 평가됐는지, 나아가 그에 관해 개선조치가 적절히 이뤄졌는지도 조사합니다.

'사업장 위험성평가에 관한 지침'(고용노동부 고시)에서도 "유해·위험 요인에 의한 부상 또는 질병의 발생이 합리적으로 예견할 수 있는 수준"에서 위험성평가의 대상을 정하도록 안내하고 있습니다. 그런데 예견이 어려운 유해·위험 요인까지 모두 망라해 점검할 것을 요구한다면, 산업안전보건법상의 위험성평가표 작성만으로도 관리감독자의 업무가 마비될 수밖에 없다는 현장의 목소리도 경청할 필요가 있어 보입니다.

유해·위험 요인 파악 어디까지?

현재 어느 범위까지 유해·위험 요인 확인 및 개선 절차를 마련해야 하며, 점검 의무를 이행해야 하는지가 중대재해처벌법 적용의 핵심적 논쟁 사항입니다. 사업장의 유해·위험 요인을 파악하고 그 위험성을 제거하는 활동은 중대산업재해 예방과 관련된 가장 직접적인 의무인 만큼, 의무 내용을 명확히 이해하고 안전관리체계를 만들어나갈 필요가 있습니다.

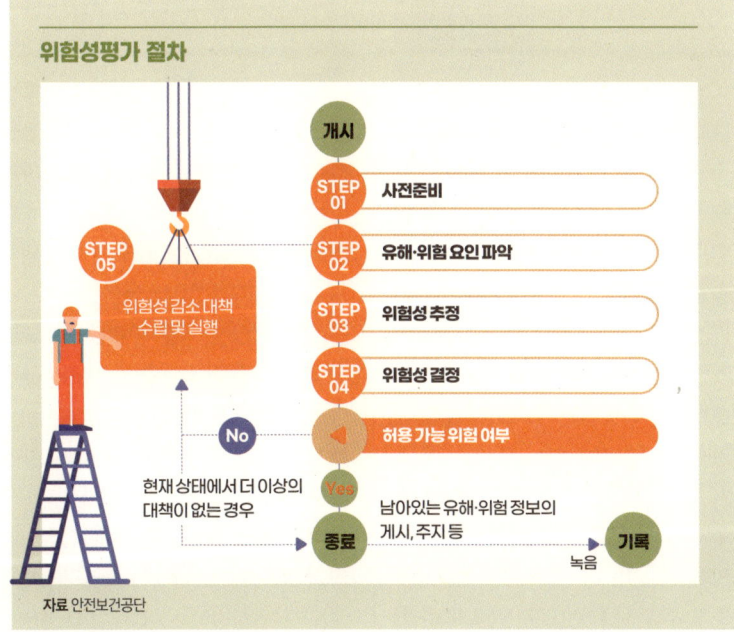

자료 안전보건공단

SECTION 3

4. 협력 업체 평가 및 관리 어디까지 해야 하나

원청업체로서는 중대재해가 발생한 협력 업체나 평가 점수가 낮은 업체에 대한 교육 및 점검 등을 강화하고, 해당 협력 업체의 안전보건관리 수준을 더욱 철저히 확인하는 절차를 둘 필요가 있습니다.

2022년 검찰이 총 11건을 중대재해처벌법 위반으로 기소했습니다. 그중 8건은 도급업체가 중대재해처벌법 위반으로 기소된 사례였습니다. 중대재해처벌법하에서 원청회사는 어느 정도까지 협력 업체를 평가해야 할까요?

중대재해처벌법은 중대산업재해 관련 안전보건관리체계 구축 및 이행조치 내용으로 도급·용역·위탁의 경우 수급인 등의 산업재해예방을 위한 조치 능력과 기술에 관한 평가 기준 및 절차를 마련하고, 이에 따라 반기 1회 이상 점검할 것을 정하고 있습니다(중대재해처벌법 제4조 제1항 제1호, 시행령 제4조 제9호 가목). 이에 따라 고용노동부는 도급·용역·위탁업체 선정 시 안전·보건 확보 수준을 평가해 적정한 수준에 미달하는 경우 계약하지 않도록 하고, 이를 위해 수급인의 안전·보건에 관한 조치 능력과 기술을 평가하는 기준과 절차를 마련할 것을 요구하고 있습니다.

중대재해처벌법 시행 이후 철강 제조 공장에서 원청회사로부터 설비 보수를 하도급받은 협력 업체 소속

⊕ 용어 설명

원청업체
발주처와 직접 계약해 다른 하위 업체에 하청을 주는 기업이나 공장을 말한다.

근로자가 크레인에서 떨어진 방열판에 부딪혀 사망한 재해 사고가 있었습니다. 또 건물 신축 공사 현장에서 하청회사 소속 근로자가 크레인에서 떨어진 철근에 맞아 사망한 재해 사고도 있었습니다. 이에 대해 검찰은 각 원청업체가 협력 업체의 안전·보건에 관한 조치 능력과 기술을 평가하는 기준과 절차를 마련하지 않았다는 점을 공소사실로 명시했습니다.

협력 업체 평가 과정에서 제기된 문제
중대재해처벌법 시행 이후 각 회사에서는 저마다 협력 업체 관리 기준을 정하고 운용하기 위해 노력하고 있는데, 실제 사례에서 실무적으로 여러 문제가 제기되고 있습니다.
첫 번째는 원청업체에서 중대재해가 발생한 협력 업체와 계속 계약하는 것이 중대재해처벌법에 위반되는지입니다. 원청업체가 협력 업체를 바꾸려 해도 다른 적절한 협력 업체를 찾기 어려운 경우도 있고, 계약 내용에 해지할 마땅한 근거가 없기도 합니다. 또한 협력 업체에 중대재해가 발생했다는 사실 자체만으로 협력 업체의 안전보건 확보 수준이 기준에 미달한다고 단정할 수 없습니다. 중대재해 발생 이후 재발 방지 대책 수립 과정에서 안전보건관리체계가 향상될 수도 있을 것입니다. 따라서 중대재해가 발생한 협력 업체를 계속 사용하거나 재계약한다고 해서 언제나 위법하다고 보기는 어렵습니다.

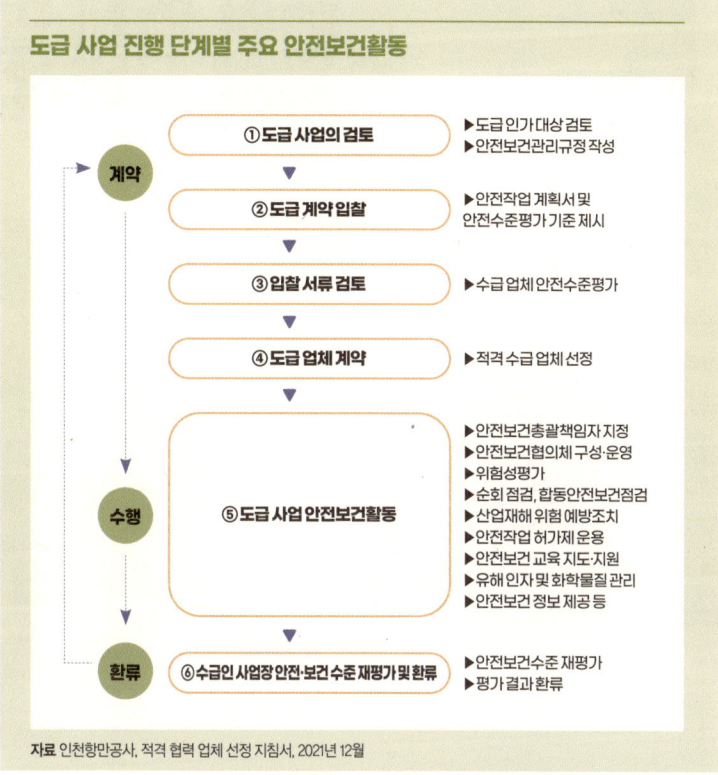

자료 인천항만공사, 적격 협력 업체 선정 지침서, 2021년 12월

두 번째 이슈는 여러 업체 중 반드시 안전보건 평가 점수가 가장 높은 업체를 사용해야 하는 것인지, 아니면 평가가 낮아도 기준 점수를 통과한 업체라면 사용해도 무방한지입니다. 또는 원청업체가 안전보건에 대한 독자적 평가 점수를 두고 있지 않고, 다른 지표들을 합해 협력 업체를 선정하는 경우도 문제 될 수 있습니다. 실제로 중대재해 수사 과정에서 후자의 경우에 대해 집중 수사가 이뤄진 바 있습니다. 원청업체가 안전보건 수준 평가가 가장 좋은 업체를 썼다면 중대재해가 발생하지 않았을 텐데, 그보다 못한 업체를 사용했기에 중대재해가 발생한 것이 아니냐는 추궁이 이뤄지는 것입니다.
그러므로 원청업체로서는 중대재해가 발생한 협력 업체나 평가 점수가 낮은 업체에 대한 교육 및 점검 등을 강화하고, 안전보건관리 수준을 더욱 철저히 확인하는 절차를 마련해 둘 필요가 있습니다.
또한 사업장의 상황에 따라 협력 업체 평가 기준에서 중대재해 발생 여부를 감점 요소로 넣는 것도 고려해 볼 수 있습니다. 이러한 감점 제도를 둔다면 중대재해가 발생한 협력 업체는 안전보건에 더 큰 노력을 투입할 동기를 갖게 될 것입니다.

SECTION 3

5. 협력 업체 안전관리비는 얼마나 줘야 하나

안전보건관리비의 경우 발주자는 산업재해 예방을 위해 공사 종류 및 규모에 따른 일정 금액을 도급 금액에 별도로 계상하고, 시공자는 계상된 금액을 건설공사 중 안전관리자 인건비, 안전시설비, 안전보건 진단 등에 사용해야 한다.

중대재해처벌법 시행령 제4조 제9호 나목에 따르면 제3자에게 업무의 도급·용역·위탁(이하 도급) 등을 하는 경우, 종사자의 안전·보건을 확보하기 위해 도급 등을 받는 자의 안전·보건을 위한 관리 비용(이하 안전보건관리비)에 관한 기준을 마련해야 합니다. 그렇다면 도급 등을 받는 협력 업체에 안전보건관리비는 얼마나 지급해야 할까요?

안전보건관리비 편성 기준과 관련해 "도급 금액의 몇 %를 안전보건관리비로 사용해야 한다"라는 정량적 기준은 법령에 존재하지 않습니다. 고용노동부도 "사업 내·외부 전문가의 자문과 실무자 간 협의 등 다양한 검증 절차를 거친 후 개별적이고 구체적인 사정을 종합적으로 고려해 도급 등을 준 작업의 수행 과정에서 안전과 보건을 확보하는 데 충분한 비용을 책정하도록 해야 한다" 또는 "안전보건관리비는 수급인이 사용하는 시설·설비·장비 등에 대한 안전조치, 보건조치에 필요한 비용, 종사자의 개인 보호구 등 안전 및 보건 확보를 위한 금액으로 정하되, 총금액이 아

➕ 용어 설명

협력기업
일반적으로 주계약 기업(주로 대기업)에 재화나 서비스 등을 제공하는 거래 기업이나 하청업체를 말한다.

공사 종류 및 규모별 안전보건관리비 계상기준표

구분	대상액 5억원 미만인 경우 적용 비율	대상액 5억원 이상 50억원 미만인 경우		대상액 5억원 이상인 경우 적용 비율	보건관리자 선임 대상 건설공사의 적용 비율
		적용 비율	기초액		
일반 건설공사(갑)	2.93%	1.86%	5,349,000원	1.97%	2.15%
일반 건설공사(을)	3.09%	1.99%	5,449,000원	2.10%	2.29%
중건설공사	3.43%	2.35%	5,400,000원	2.44%	2.66%
철도·궤도 신설공사	2.45%	1.57%	4,411,000원	1.66%	1.81%
특수·기타 건설공사	1.85%	1.20%	3,250,000원	1.27%	1.38%

자료: 고용노동부·산업안전보건부, 건설업 산업안전보건관리비 해설, 2022년 6월

닌 가급적 항목별로 구체적 기준을 제시해야 한다"라고 설명하고 있습니다. 도급 등을 준 작업의 종류나 도급을 받은 자의 안전보건관리 능력 등 여러 사정에 따라 안전·보건을 위한 관리 비용에 차이가 있을 수 있으므로, 구체적 사정을 검토해 충분한 비용을 책정해야 합니다.

한편 산업안전보건법 제72조는 건설공사발주자에게 산업안전보건관리비를 도급 금액 또는 사업비에 계상하도록 정하고 있습니다. 산업안전보건법의 위임에 따라 제정된 고용노동부 고시 '건설업 산업안전보건관리비 계상 및 사용기준'에서 공사의 종류와 공사 금액에 따라 계상액의 구체적 기준을 정하고 있습니다. 중대재해벌법 시행령 제4조 제9호 나목에 따른 안전보건관리비는 건설공사에서 도급 등을 주는 사업 전반에 확대한 것으로 이해하고 있습니다. 따라서 위 고용노동부 고시에서 정한 기준을 우선으로 참고할 수 있을 것

안전보건관리비 편성 기준과 관련해 "도급 금액의 몇 %를 안전보건관리비로 사용해야 한다"라는 정량적 기준은 법령에 존재하지 않는다.

입니다. 다만 도급을 준 작업의 종류나 특성에 따라 건설공사에서 요구되는 비용보다 더 많은 액수의 안전보건관리비가 필요할 수도 있습니다. 따라서 위 고용노동부 고시를 무조건 따를 수 있는 것은 아닙니다. 또한 기존에 관행적으로 적용해온 협력 업체 안전보건관리비 기준이 있다고 해도 중대재해처벌법 시행 후 경영책임자 및 안전보건 관련 부서에서 재검토할 필요가 있습니다.

안전보건관리비의 적정성 여부는 단순히 절대적 금액이 많은지, 적은지에 따라 결정되는 것은 아닙니다. 또한 사업주가 중대재해처벌법 이전보다 반드시 더 많은 금액을 협력 업체에 지급해야 하는 것도 아닙니다. 그렇지만 해당 예산은 도급 등을 받은 자가 산업안전보건법을 포함한 안전·보건 관계 법령에서 요구하는 인력·시설·장비를 갖출 수 있어야 합니다. 나아가 확인된 유해·위험 요인을 제거하는 것이 가능한 수준 이상은 돼야 할 것입니다.

실제 중대재해처벌법 위반 사건에서 관할 노동청은 수사 과정에서 협력 업체에 대한 일률적 비용 산정(예를 들어 계약 금액 대비 일정 비율)은 법 취지에 비춰볼 때 적절하지 않으며, 사업장 및 협력 업체의 업무 특성 등을 개별적으로 고려해 비용을 산정하는 것이 바람직하다는 입장을 밝힌 바 있습니다. 그렇지만 협력 업체 안전보건관리비 산정에 대한 기준과 관련한 법령 혹은 가이드라인이 전혀 없는 상황에서 사업주나 경영책임자에게 비용이나 기준 산정을 알아서 적절히 정하도록 하는 것은 사업주에게 과도한 부담을 지우는 일이라는 비판도 제기됩니다.

위와 같은 사정을 고려했을 때 협력 업체와 계약 체결 시 안전보건관리비에 관한 기준(수급인이 사용하는 시설·설비·장비 등의 안전보건조치에 필요한 비용, 종사자의 개인 보호구 등 안전 및 보건 확보를 위한 비용 등)을 포함해 항목별 구체적 기준을 제시하고, 계약에 안전보건관리비가 충분히 포함됐다는 점을 명시하는 것이 바람직합니다.

SECTION 3

6. 반기 평가 제대로 하기

반기 점검은 '관리상 조치'의 일환으로 경영책임자등은 '확인-반기 점검-개선'의 단계별 의무를 이행함으로써 사업장 내 안전보건조치가 적절하게 이뤄지고 있는지 총괄·관리하는 것입니다.

➕ 용어 설명

안전보건관리규정

사업주가 사업장의 안전 및 보건을 유지하기 위해 작성해야 하는 규정으로, 산업안전보건법 제25조를 근거로 한다. 이 규정에는 안전 및 보건에 관한 관리 조직과 그 직무, 사고 조사 및 대책 수립 등의 내용이 포함된다.

반기 점검의 의의와 목적

중대재해처벌법에 따라 경영책임자 등은 안전보건조치가 적절하게 이행되도록 하는 '관리상의 조치'를 실시할 의무를 부담합니다. 산업안전보건법과 같은 개별적 법률에 근거한 조치를 직접 이행할 의무와는 성격이 다릅니다.

반기 점검은 이러한 '관리상 조치'의 일환으로 ① 안전보건과 관련해 내부 절차·기준을 마련하거나 안전·보건 관계 법령을 파악해 동 법령에 따른 의무 사항을 확인할 의무, ② 실제로 사업 또는 사업장에서 위 ①의 내용이 이행되고 있는지를 반기별로 점검할 의무, ③ 위 ②에 따른 점검 결과 미흡한 사항이 있는 경우 이를 개선할 의무로 구성돼 있습니다. 즉 경영책임자등은 '확인-반기 점검-개선'의 단계별 의무를 이행함으로써 사업장 내 안전보건조치가 적절하게 이뤄지고 있는지 총괄·관리하는 것입니다.

특히 제도의 취지를 고려할 때 반기 점검은 단순히 주기적으로 사업장 내 의무 준수 여부를 확인하는 것에

안전보건계획 수립·이행 절차

1 안전보건계획 수립·이행 절차
대표이사 (정관상 절차준수)
• 세부 실행 계획 및 소요 예산 등 반영
※ 필요시 정관에 절차 및 안전보건 계획 수립 시기 등 규정

2 안전보건계획 이사회 보고 및 승인
대표이사
• 이사회는 안전보건 경영방침 등 안전보건에 포함돼야 할 사항과 소요 예산의 적정성 확인

3 안전보건계획 성실 이행
대표이사
• 안전보건계획에 따른 경영방침이 각 사업장의 안전보건관리 세부 실행 기준이 되도록 하는 등 대표이사 주도로 안전보건경영 실행

4 안전보건계획 이행 실적 평가
대표이사
• 안전보건계획에 따른 안전보건경영의 이행 성과 및 사업장 안전보건 관리 변화 분석·평가

5 차년도 안전보건계획 수립에 반영
대표이사
• 안전 및 보건 여건 변화 분석 및 안전보건계획 이행 평가결과를 차년도 계획 수립 시 반영

자료 안전보건공단

그쳐서는 안 됩니다. 점검 결과 미이행되거나 불충분한 사항에 대한 개선조치까지 취해야 비로소 완료된다는 점에 유의해야 합니다.

실제 고용노동부 수사 과정에서도 △경영책임자등이 반기 점검을 통해 중대산업재해와 관련된 위험성을 인식할 수 있었는지 △점검 결과에 따라 어떠한 개선 조치가 이뤄졌는지 △그러한 조치를 적절한 조치로 평가할 수 있는지 △사업자가 적절한 개선조치를 이행했다면 재해를 예방할 수 있었는지 등을 중요한 요소로 확인하고 있습니다. 따라서 경영책임자등은 해당 반기의 점검을 실시하는 것은 물론 이전 반기 점검 결과에 따라 어떤 조치를 실시했고, 그 결과 어떻게 개선됐는지도 함께 점검하는 것이 바람직합니다.

구체적인 반기 점검 방법

경영책임자등은 종사자 보호를 위해 다음과 같은 사항에 대해 반기 1회 점검을 실시하고, 점검 결과에 따라 필요한 조치를 취해야 합니다.
1. 유해·위험 요인 확인 및 개선이 이

> **주요 점검 사항은 유해·위험 요인 점검, 안전보건관리책임자등 평가 점검, 종사자 의견 반영, 중대재해 대응 조치, 도급·용역·위탁 등 점검, 안전·보건 관계 법령 등이다.**

뤄지는지
2. 안전보건관리책임자, 관리감독자 및 안전보건총괄책임자가 산업안전보건법상 자신의 업무를 충실하게 수행하는지
3. 안전·보건에 관한 사항에 대해 종사자의 의견을 듣고 필요한 경우 개선방안을 마련해 이행하는지
4. 중대산업재해가 발생하거나 발생할 급박한 위험이 있을 경우 매뉴얼에 따라 대응조치, 구호조치 및 추가 피해 방지 조치를 실시하는지
5. (제3자에게 업무를 도급, 용역, 위탁하는 경우) 수급인의 산업재해 예방을 위한 조치 능력과 기술에 관한 평가 기준·절차, 수급인의 안전·보건

을 위한 관리비용에 관한 기준 등에 따라 도급·용역·위탁이 이뤄지는지
6. 안전·보건 관계 법령에 따른 의무를 이행했는지
7. 안전·보건 관계 법령에 따른 안전·보건에 관한 교육을 실시했는지

1~5번 의무의 경우 해당 법인이 중대재해처벌법에 따라 자체적으로 마련한 업무 절차 또는 매뉴얼을 기준으로 반기 점검을 실시하면 됩니다. 예컨대 회사가 유해·위험 요인 확인 및 개선에 대해 업무 절차를 마련한 경우 △경영책임자등은 동 업무 절차에 따라 확인 및 개선이 이뤄졌는지 △중장기적 계획이나 추가 예산이 필요한 사항이 있는지 △새로운 유해·위험 요인 발굴 등으로 업무 절차를 개선할 필요가 있는지 등을 확인해야 합니다. 6·7번 의무의 경우 산업안전보건법을 비롯한 종사자의 안전보건을 위해 제정된 법령상 의무 사항을 기준으로 점검해야 합니다. 이러한 점검은 직접 실시하는 것이 원칙이지만 각 법령상 위탁 점검이 허용된 경우 경영책임자등은 그 점검 결과를 보고받는 것도 가능합니다.

SECTION 3

7. 협력사 안전관리 간섭하면 불법파견으로 처벌하나

고용노동부는 도급인의 안전보건에 관한 활동이나 조치를 불법파견의 징표로 볼 수 없다고 하면서도 그러한 안전보건조치가 실질적으로 업무 수행에 대한 감독이 된다면 불법파견이 될 수도 있다는 예외를 인정하고 있다.

➕ 용어 설명

파견근로자

사용사업주가 아닌 파견 사업주가 고용한다. 근로자 파견 기간은 원칙적으로 1년을 넘지 못하지만 파견사업주와 사용사업주, 파견근로자 간 합의가 있는 경우 파견 기간을 연장할 수 있다.

대법원은 '근로자파견' 판단 기준에 대해 "당사자가 붙인 계약의 명칭이나 형식에 구애될 것이 아니라 제3자가 당해 근로자에 대해 직·간접적으로 업무수행에 관한 구속력 있는 지시를 하는 등 상당한 지휘·명령을 하는지근로관계의 실질에 따라 판단해야 한다"라고 판시했다(대법원 2015년 2월 26일 선고 2010다93707 판결).

산업현장에서 협력 업체를 사용할 경우 불법파견에 대한 법적 이슈가 문제가 되고 있습니다. 불법파견은 도급이나 용역계약이 실질적으로는 근로자 파견에 해당함으로써 파견근로자 등에 관한 법률상 파견 허가 업종 또는 파견 기간 등을 위반한 것이 인정됨에 따라, 원청이 해당 용역근로자들을 직접고용할 의무를 지거나 직접고용으로 간주되는 경우를 의미합니다.

원청의 안전조치 '불법파견의 징표'

다수의 원청업체는 불법파견 이슈가 제기된 2010년경부터 불법파견 리스크로 인해 하청업체 근로자들의 작업에 대한 개입과 관여를 최소화 하는 방안을 강구했습니다. 그런데 최근 산업안전보건법 및 중대재해처벌법에 따라 도급인의 안전보건 책임이 강화되자, 산업현장에서는 원청의 안전관리가 대법원 판결에서 말하는 '상당한 지휘·명령'에 포함되는지에 대한 우려가 커지고 있습니다.

특히 작업허가제(Permit to Work, PTW)를 운영하고 있는 사업장에서 위와 같은 문제가 발생할 소지가 있습니다. 원청이 직접 작업 현장에 동행하거나 작업 절차상 문제를 제기하는 것을 불법파견 분쟁 시 하청 근로자 측에서 불법파견의 징표로 주장할 여지가 있기 때문입니다. 이에 대해 고용노동부는 "도급인이 산업안전보건법령상의 안전 및 보건에 관한 조치 사항을 위반한 수급인 근로자에게 현존하는 위험을 제거하기 위해 위반 사항에 대한 시정을 요구하거나, 긴급 상황이나 위험 상황 등에서 산업재해 발생을 방지하고자 일시적으로 업무상 지시를 한 경우 등에는 근로자 불법파견의 징표에 해당하지 않는 것으로 판단된다. 다만 도급인이 건강과 안전 확보를 내세우면서 실제로는 안전보건과 무관한 작업 내용·작업 방법 등 수급인 근로자의 업무 수행에 대해 지시·감독하거나, 근태관리 등을 하는 경우에는 파견의 징표에 해당할 수 있다"라는 입장을 밝혔습니다(고용노동부 중대재해처벌법 FAQ).

즉 고용노동부는 도급인의 안전보건에 관한 활동이나 조치를 불법파견의 징표로 볼 수 없다고 하면서도 그러한 안전보건조치가 실제 업무 수행에 대한 감독이 된다면 불법파견이 될 수 있다는 예외 역시 인정하고 있습니다. 이에 실무상 안전관리와 작업 지시가 명확하게 구분되지 않는 경우가 많고, 안전 수칙 이행을 위해 일정 범위 내에서 작업 지시가 필요한 상황도 있는 등 여전히 기준

불법파견 주요 판결

사건 기업	법원	판결일	확대내용
세이브존	서울남부지법	2019년 1월 31일	유통매장도 불법파견 인정, 위반 사업주 형사처벌
도로공사	대법원	2019년 8월 29일	서비스업(요금수납원)도 직접고용의무 인정
현대제철	광주고법	2019년 9월 20일	전산시스템(생산관리시스템, MES) 공유도 지시·명령
기아차	서울중앙지법	2019년 11월 28일	간접 공정(지게차 수리)에도 불법파견 인정
SK텔레콤	서울고법	2019년 11월 12일	IT업계 대기업 계열사 간 전출도 불법파견
금호타이어	광주지법	2020년 1월 17일	분리된 작업 공간에서 일했지만 재량 없어 불법파견
현대차	서울고법	2020년 10월 30일	간접 공정(수출 선적 업무)는 합법도급(1심:불법파견)
현대모비스	서울고법	2021년 3월 26일	시외 하청까지 불법파견 인정 범위 확대

자료 한경 CHO 인사이트

협력 업체에 대한 안전보건 관련 지시는 원청회사의 안전보건 업무 담당자를 통해 이뤄져야 하며, 해당 지시가 안전보건을 고려한 지시라는 점을 명확히 할 필요가 있다.

이 불분명해 기업들의 혼란이 가중되고 있습니다.

원청의 대응 방안

그렇다면 원청업체들은 어떻게 대응해야 할까요? 고용노동부의 경우 안전보건과 '무관'한 구체적 지시를 하지 말 것을 요구하는 것으로 해석되고, 대법원에서는 불법파견을 여러 사정을 고려해 종합적으로 판단하므로, 안전관리라는 하나의 이슈만으로 불법파견이 인정될 가능성은 비교적 적어 보입니다.

그렇지만 안전관리가 작업 자체에 대한 통제와 연계되는 경우도 적지 않으므로, 아래와 같은 점을 유의할 필요가 있습니다.

① 협력 업체에 대한 안전보건 관련 지시는 가급적 원청회사의 안전보건 업무 담당자(안전관리자, 관리감독자, 안전보건전담조직 등)를 통해 이뤄질 필요가 있으며, 해당 지시가 안전보건을 고려한 지시라는 점을 명확히 할 필요가 있습니다.

② 작업절차서의 경우 해당 내용에는 작업의 세부적 내용도 포함돼 있으므로 비록 그 내용이 안전에 관한 사항에 관련된 것이라고 하더라도 하청업체가 자체적으로 작성하도록 하는 것이 바람직합니다.

③ 작업 수칙이나 안전 수칙을 위반한 협력업체 직원들이 발견될 경우 그에 대해 시정조치를 요구할 수는 있지만 원청회사가 협력업체 직원에 대해 직접 징계를 행사하는 것은 자제할 필요가 있습니다.

SECTION 3

8. 임대한 공장도 도급인의 안전관리 대상인가

고용노동부는 "임차인이 해당 장소에 대해 실질적인 지배·운영·관리를 하므로 임대인은 중대재해처벌법상 책임을 지지 않는다. 다만 임대차라도 임대인이 실질적 지배·운영·관리하고 있는 경우 중대재해처벌법에 따른 도급인으로서 안전 및 보건 확보의무를 부담한다"라고 해석하고 있습니다.

➕ 용어 설명

도급인의 사업장

도급인이 관리권을 가지고 실질적으로 관장하면서 생산이나 서비스 등 사업을 진행하고 있는 장소는 도급인의 사업장으로 봐도 무방하다. 다만, 도급인이 해당 장소에 대한 소유권을 가지는지 여부는 기준이 될 수 없다.

산업안전보건법에 따라 도급인의 사업장에서 관계수급인 근로자가 작업을 하는 경우, 도급인은 산업재해 예방을 위해 필요한 안전조치 및 보건조치를 포함한 의무를 다해야 합니다(산업안전보건법 제62조 또는 제66조). 또한 중대재해처벌법 제5조는 도급·용역·위탁 등 관계에서 사업주나 법인 또는 기관이 그 시설·장비·장소 등에 대해 실질적으로 지배·운영·관리하는 책임이 있는 경우 중대재해처벌법상 안전 및 보건 확보의무를 다할 것을 규정하고 있습니다. 이때 '도급'은 명칭과 관계없이 물건의 제조·건설·수리 또는 서비스의 제공, 그 밖의 업무를 타인에게 맡기는 계약을 말합니다(산업안전보건법 제2조 제6호).

다만 '임대'의 경우 개정 산업안전보건법 및 중대재해처벌법 입법 과정에서 임대를 도급 범위에 포함시키고자 하는 의견이 있었으나 최종적으로 제외된 점을 고려하면, 특별한 경우가 아닐 시 도급에서 제외될 것입니다. 그럼에도 계약 형태에 따라 단순 임대에 그치지 않고 도급인의 사업과 관련한 업무를 도급·위탁하는 경우라면 도급으로 평가될 가능성이 있습니다.

이와 관련해 고용노동부는 임대의 경우 "임차인이 해당 장소에 대해 실질적인 지배·운영·관리를 하므로 임대인은 중대재해처벌법상 책임을 지지 않는다. 다만 계약의 형식은 임대차라도 임대인이 도급인으로서 해당 장소 등에 대해 실질적으로 지배·운영·관리하고 있는 경우라면 중대재해처벌법에 따른 도급인으로서 안전 및 보건 확보 의무를 부담한다"라고 해석하고 있습니다.

공장을 임대해도 안전보건확보의무를 지는 경우가 있나

위 법령에 따라 ① 임대인과 임차인 간 계약관계가 산업안전보건법상 도급에 해당하고 ② 임차인의 사업장이 임대인이 실질적으로 지배·관리하는 사업장에 해당한다면, 임대인은 도급인으로서 임대한 공장에 대해 안전관리를 할 필요가 있을 것입니다. 반대로 ①, ② 요건 중 하나라도 충족되지 않으면 임대인은 임차인의 공장에 대해 도급인의 안전보건조치의무를 이행할 필요가 없습니다.

우선 ① 요건과 관련해 고용노동부는 "도급업체와 수급업체 간 체결한 임대차계약 또는 사용대차 계약을 통해 수급인의 근로자가 도급인 사업장에서 도급인 소유의 기계, 설비 등을 사용해 행하는 작업이 도급인의 사업 목적과 직간접적으로 관련성이 있는

> 일반적인 임대의 경우 임차인이 해당 장소에 대해 실질적인 지배·운영·관리를 하므로 임대인은 중대재해처벌법상 책임이 없다.

경우라면 계약의 명칭, 유·무상 여부와는 관계없이 도급인의 업무를 타인(수급인)에게 맡기는 경우로 보아 산업안전보건법상 도급에 해당한다"라고 보고 있습니다(산업안전기준과-1190, 2021년 11월 8일). 즉 ⓐ 건물주로서 다른 계약관계 없이 단순히 공장만 임대하는 경우와 ⓑ 도급인의 사업 목적 자체와 관련 있는 다른 업무(예컨대 생산 업무)를 도급·위탁하면서 그 장소로서 공장까지 임대하는 경우는 구분되며, ⓑ의 경우 ① 요건이 충족될 가능성이 높습니다.

다음으로 ② 실질적 지배·관리 여부에 관해서는 고용노동부는 해당 장소의 유해·위험 요인을 인지하고 파악해 이를 관리·개선하는 등 통제할 수 있음을 의미한다고 해석하고 있으나 여전히 그 의미가 모호합니다. 이와 관련해 최근 과태료 재판(임차인이 임대인의 생산 업무를 도급받았고, 임대인과 임차인의 사업장이 인접해 있던 사안) 하급심 사례를 참고할 만합니다. 해당 사례에서 법원은, ❶ 임차인이 임대인과 별개 법인격을 가지고, 고유의 사업을 영위하고 있는 점, ❷ 임차인은 임대인의 부지 및 건물 일부를 유상 임차해 배타적으로 사용·수익한 점, ❸ 임차인의 사업장은 임대인의 사업장과 공간적으로 분리돼 있고, 별도의 게이트 및 건물 출입구를 통해 진출입하며, 건물 내부에서도 양사의 사업장이 차단돼 있어 양사의 임직원이 임의로 출입 및 왕래할 수 없는 점, ❹ 임차인이 임대인의 자회사라 해도, 그것만으로 임대인이 임차인의 사업장이나 제조·생산 활동을 지배·관리한다고 볼 수 없는 점 ❺ 임차인이 제조 설비 및 지원 설비(보일러 등) 일체를 인수해 그 설비를 소유하고 있고, 일부 창고를 임차하는 등 사업장 내 모든 설비를 직접 관리해 사용하고 있는 점, ❻ 사업장에 공급되는 도시가스와 전기요금 등이 별도로 부과돼 납부하고 있고, 폐수처리시설의 경우 임차인이 임대인과 사용 및 관리 위수탁 계약을 체결해 관리비 등을 각자 부담하고 있는 점 등을 종합해 임차인의 사업장을 임대인이 지배·관리하는 '도급인의 사업장'이라고 볼 수 없다고 판단했습니다.

만약 위 ①, ② 요건 중 하나라도 충족되지 않는다면 임대인은 중대재해처벌법이나 산업안전보건법상의 의무를 부담하지는 않고, 임대인으로서 통상적 주의의무의 정도를 다하는 것으로 충분할 것입니다. 다만 임대인의 지배·관리 영역에 존재하는 하자(예컨데 전기배선, 가스 등 문제)로 사고가 발생했을 때는 이에 대한 책임을 지게 될 가능성이 있습니다.

SECTION 3

9. 의료과실은 중대시민재해일까

의료과실로 인한 사고의 경우 그 궁극적인 원인이 병원 시스템에 있다면 중대시민재해에 해당하는지가 문제 될 수 있습니다.

➕ 용어 설명

의료과실

의사가 의료행위를 할 때 업무상 주의의무를 소홀히 함으로써 환자에 대한 권리(신체권, 생명권)를 침해하고 손해(상해, 사망)를 주는 것을 말한다. 오진, 진단 지연, 수술 과오, 주사 사고, 수혈 사고, 약물오용, 간호 처리 과오, 병원관리 책임 등의 재판 사례가 있다.

의료계에서는 병원에서 중대재해가 발생할 경우 병원의 경영책임자도 중대재해처벌법에 따른 민형사상 책임을 져야 하는지에 대한 우려가 있었습니다.

그중 '중대시민재해'는 동법이 정하는 공중이용시설 등에서 그 설계·제조·설치·관리상의 결함이 원인이 되어 발생한 재해만 인정되며, ① 사망자가 1명 이상 발생, ② 동일한 사고로 2개월 이상 치료가 필요한 부상자가 10명 이상 발생, ③ 동일한 원인으로 3개월 이상 치료가 필요한 질병자가 10명 이상 발생한 경우에만 제한적으로 성립합니다. 병원의 경우에는 「의료법」 제3조 제2항의 의료기관으로서 연면적 2000㎡ 이상이거나 병상 수 100개 이상인 경우에만 공중이용시설에 해당합니다.

사고 유형별 중대재해처벌법 적용

병원에서 발생하는 사고 중 어떤 것이 중대재해처벌법 적용 대상이 될까요? 병원에서 발생할 수 있는 사고는 해당 병원(법인)과 병원장(사업주 또는 경영책임자등)의 안전보건확보

의무 소홀로 인한 사고(이하 유형 1)와 담당 의사 또는 집도의(개인)의 과실로 인한 사고(이하 유형 2)로 나눠볼 수 있습니다.

유형 1의 예는 병원 내 시설(엘리베이터 등) 오작동으로 인한 사고, 병원 내 관리 소홀로 인한 코로나19와 간염 등 감염병의 확산, 구내식당에서의 집단 식중독 사고, X-ray 촬영으로 인한 직원들의 방사능 피폭 피해 등이 있습니다. 유형 1에 해당하는 사고 중 병원에서 근무하고 있는 종사자(근로기준법상의 근로자나 도급·용역·위탁 등 계약 형식에 관계없이 그 사업의 수행을 위한 대가를 목적으로 노무를 제공하는 자를 의미)가 질병 또는 사망하는 사고는 중대산업재해에 해당합니다. 아울러 공중이용시설에 해당하는 규모의 병원에서 유형 1에 해당하는 사고가 발생했고, 그 피해자가 병원 내 근로자 등 종사자가 아니라 제3자(환자, 병원 방문객 등 병원을 이용하는 자)인 경우라면, 중대시민재해가 될 것입니다. 또한 약제 관리상 문제로 인해 환자가 사망한다면 중대시민재해에 해당할 수 있습니다.

유형 2의 예는 담당 의사의 오진이나 진료 과정에서 발생한 과실로 인한 인명 피해 등이 있습니다. 이들 사고는 담당 의사 개인의 과실에 기인한 것으로, 병원장 또는 이사장의 종사자 내지 공중이용시설에 대한 안전보건확보의무와는 무관한 경우가 대부분입니다. 이 경우에는 일반적으로 중대재해처벌법에 따른 처벌과 책임을 질 가능성은 낮습니다.

그러나 의료과실로 인한 사고라도 궁극적 원인이 병원 시스템에 있다면 중대시민재해가 문제될 수 있다는 점에 유의해야 합니다. 예컨대 병원 내 인력 부족 때문에 담당 의사나 의료 인력이 과로 상태에서 판단력을 상실해 의료사고가 발생한 경우를 상정해 볼 수 있습니다. 이 경우 필요 인력을 제대로 구비하지 않은 안전관리확보의무 미조치 책임이 병원장 또는 이사장에게 있다면 중대시민재해가 성립할 수 있습니다. 따라서 중대재해처벌법의 적용 대상인 병원은 담당 의사의 교육을 비롯해 안전보건 인력의 충분한 운용 등 중대산업재해 및 중대시민재해 예방을 위한 조치와 의무를 다할 필요가 있습니다.

> 중대산업재해나 중대시민재해 발생과 관련해 병원장 또는 이사장의 안전보건확보의무 소홀이 인정된다면, 중대재해처벌법에 따른 민형사상 책임을 지게 됩니다.

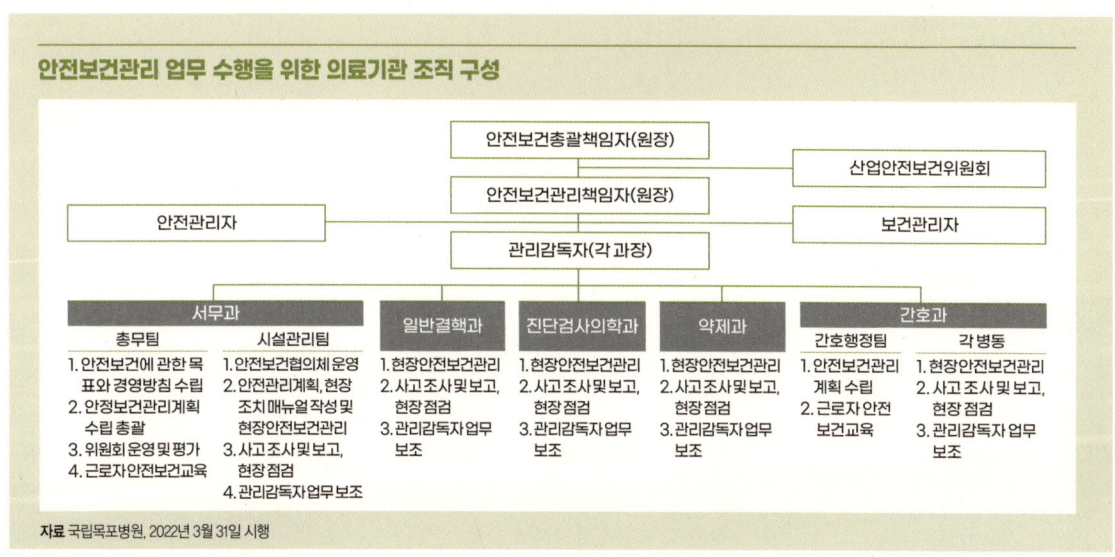

안전보건관리 업무 수행을 위한 의료기관 조직 구성

자료 국립목포병원, 2022년 3월 31일 시행

SECTION 3

10. 안전보건관리체계 어떻게 조직해야 할까

위험성평가의 경우 연 1회 정기평가만을 실시하는 사업장이 많으나, 종사자에게 경미한 사고가 지속적으로 발생한다면, 위험작업에 대한 수시평가를 실시해야 합니다.

➕ 용어 설명

최고안전보건책임자
Chief Safety Officer, CSO

사업을 대표하고 총괄하는 권한과 책임이 있는 사람 또는 이에 준하여 안전보건에 관한 업무를 담당하는 사람을 말한다.

중대재해처벌법은 종사자의 안전과 건강을 보호하기 위해 기업 스스로 유해·위험 요인을 파악해 제거하거나 통제 방안을 마련·이행하며, 이를 지속적으로 개선할 것을 요구하고 있습니다. 따라서 경영책임자등은 ① 법인의 산업재해 이력, 현장 종사자의 의견 청취, 동종 업계의 사고 발생 사례 및 전문가 진단 등을 통해 중대산업재해를 유발할 수 있는 유해·위험 요인을 확인하고, ② 그러한 유해·위험 요인을 원천적으로 제거하거나 지속적으로 통제하기 위한 수단 및 절차를 마련하며, ③ 현장에서 안전보건조치의 확실한 이행을 뒷받침할 수 있는 적정한 조직·인력·예산의 투입과 모니터링 체계를 갖춰야 합니다.

사고가 재발한 사업장이라면

만약 종사자에게 경미한 사고가 지속적으로 발생한다면, 사고와 관련된 유해·위험 요인을 확인하고 개선해 그러한 사고가 더 큰 재해로 이어지지 않도록 관리하는 것이 무엇보다 중요합니다. 특히 위험성평가의 경우 연 1회 정기평가만을 실시하는 사업장이 많으나 △사업장 건설물의 설치·이전·변경 또는 해체 △기계·기구, 설비, 원재료 등의 신규 도입 또는 변경 △건설물, 기계·기구, 설비 등의 정비 또는 보수 △작업 방법 또는 작업 절차의 신규 도입 또는 변경 △산업재해 발생 등의 사정이 있는 경우 그러한 위험 작업에 대한 수시 평가를 실시해야 합니다.

실제 사례를 살펴보면 사고와 직접적 관련은 없더라도 사고에 영향을 미치는 여러 요인이 존재합니다. 업무량이 과다하거나 일정이 촉박함에도 사업상 필요를 이유로 작업을 강행하는 경우, 안전보건 관련 부서에서 위험성을 경고했음에도 생산 관련 부서에서 이를 가볍게 여기는 경우, 종사자가 유·무형적 불이익이 발생할 것을 우려해 의견을 제시하지 못하는 경우, 종사자가 안전보건과 관련된 의견을 제시했음에도 현장감독자가 그 내용을 상급자 또는 도급인에게 전달하지 않는 경우, 실무상 번거로움이나 예산 등을 이유로 필요한 개선이 이루어지지 않는 경우, 안전보건 관련 교육이 형식적으로만 이루어져 종사자들이 교육 내용을 숙지하지 못하는 경우, 특수형태근로종사자(지입차주 등) 또는 일용직 근로자를 다수 사용해 안전보건 관련 사항이 잘 전달되지 않는 경우 등이 대표적입니다.

안전보건 관련 예산편성은 이렇게

경영책임자등은 적절한 예산편성을 위해 먼저 '사업장 내 안전·보건 관계 법률상 요구되는 기준에 미달하는 부분이 있는지'와 '사업장 내 어떠한 유해·위험 요인이 있고 그러한 요인을 제거·대체·통제하기 위해서는 어떤 조치를 취해야 하는지'를 확인하고, 그러한 상황을 개선하기 위해 어느 정도의 비용이 소요되는지를 파악해야 합니다. 만약 사업의 규모와 재정 상황에 비해 파악된 비용이 매우 커서 적절한 금액을 편성하기 어렵다면 시급한 항목을 선정해 예산을 편성하고, 그와 같이 편성한 사유를 서면으로 남겨두는 것이 바람직합니다.

특히 이미 동종·유사 사고 이력이 있고, 설비 개선·교체 또는 개인용 보호장구 지급과 같은 조치를 했다면 재발을 막을 수 있었음에도 이를 이행하지 않아 중대산업재해가 발생한 경우, 적절한 예산이 편성·집행되지 않았다는 점이 치명적 요소가 될 수 있으므로 유의해야 합니다.

안전보건 예산편성 항목 예시 (단위: 백만원)

구분		2021년	2022년
인력 및 시설 분야	위험시설 정비 및 개보수		
	안전검사 실시		
	안전시설 신규 설치 및 투자		
	안전보건조직 노무관리		
안전 분야	안전인력 육성 및 교육		
	안전보건 진단 및 컨설팅		
	위험성평가 실시		
	안전보호구 구입		
기타	협력사 안전관리 역량 지원-교육 지원-시설 지원		
	안전보건 캠페인 추진		
예비	예비비		

자료: 고용노동부, 중대재해처벌법 따라 하기

미국 US스틸사는 계속되는 산업재해를 줄이기 위해 '생산제일'이었던 경영방침을 '안전제일(Safety First), 품질제이(Quality Second), 생산제삼(Production Third)'으로 바꾸고 작업 환경을 정비한 결과, 산업재해가 감소하고 품질과 생산성이 향상됐다.

SECTION 3

11. 공동 작업 시 누가 중대재해처벌법상 의무를 지나

회사가 어떤 작업에 대해 중대재해처벌법상 의무를 이행해야 하는지 판단하기 위해서는 '실질적으로 지배·운영·관리'라는 기준을 가장 먼저 떠올릴 필요가 있습니다.

용어 설명

소유권
물건에 대한 전면적 지배권. 소유자는 소유물을 법률의 범위 내에서 자유로이 사용·수익·처분할 수 있다(민법 제211조).

임차권
임대차계약에서 빌려 쓰는 사람이 그 물건을 사용하고 이익을 얻을 수 있는 권리

중대재해처벌법에서는 '실질적으로 지배·운영·관리할 책임'이 있는 사업 또는 사업장(제4조) 및 시설, 장비, 장소(제5조)로 그 의무이행의 범위를 한정하고 있습니다. 이때 '실질적으로 지배·운영·관리하는 책임이 있는 경우'를 사업 또는 사업장의 조직, 인력, 예산 등에 대한 결정을 총괄해 행사하거나(제4조), 해당 시설이나 장비 그리고 장소에 관한 소유권, 임차권, 그 밖에 사실상의 지배력을 가지고 있어 위험에 대한 제어 능력이 있다고 볼 수 있는 경우(제5조)를 말합니다(고용노동부 중대재해처벌법 해설서 109쪽).

회사가 제공한 사업장에서 공동 작업을 하는 경우

A회사가 B회사로부터 인력을 제공받는 계약을 체결한 후, A회사의 사업장에서 두 회사가 공동으로 작업하는 경우를 가정해봅시다. 이 경우 A회사는 B회사의 종사자에 대해서도 중대재해처벌법상 의무를 이행해야 할 가능성이 높습니다.

그렇다면 공동 작업 장소가 A회사의

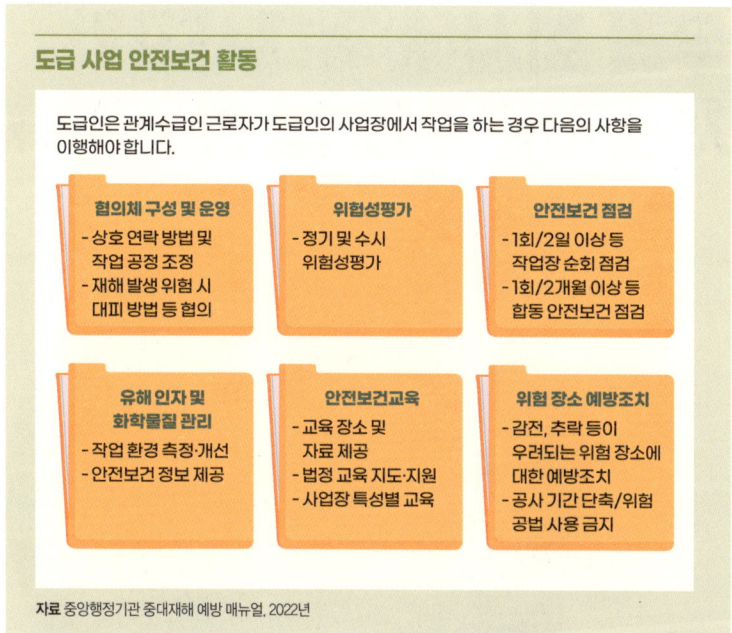

의 지배력을 행사하므로, 해당 현장을 실질적으로 지배·운영·관리할 책임을 지기 때문입니다. 앞서 설명한 저온 물류창고 신축 공사 현장에서도 재해자가 소속된 협력 업체뿐 아니라 시공사(원청) 관계자 역시 조사 선상에 올라갔습니다.

공동수급인이 함께 작업하는 건설 현장

대규모 건설공사의 경우 일정 기간 사업이 계속되고 분야별로 정산이 가능하다는 특성상, 2인 이상의 사업자가 함께 건설공사를 도급받아 수행하는 '공동도급'이 자주 이뤄지고 있습니다.

2022년 2월경 개구부로 떨어져 1명의 근로자가 사망한 고속도로 건설공사, 중대재해처벌법 시행 이후 두 차례 사망사고가 발생한 광역급행철도 건설공사 모두 공동도급 현장에서 중대재해가 발생했습니다.

통상적인 공동도급 현장을 생각해보면, 각 공동수급인들이 담당하는 공구가 명확히 구분되어 A회사가 a공구를, B회사가 b공구를 각자 전적으로 담당하는 경우가 많습니다. 이때 A회사는 a공구에 대해서만 중대재해처벌법상 의무를 부담할 가능성이 높습니다.

그렇지만 공동도급 방식은 현장마다 작업 지시 형태, 구성원 간 역할 분담이 모두 다르므로 어떤 공동수급인에게 관리 책임이 있는지는 구체적인 현장 상황을 꼼꼼히 판단해야 합니다.

사업장이 아니라면 중대재해처벌법상 의무를 부담하지 않아도 될까요? 꼭 그렇지만은 않습니다. 만약 공동작업에 제공된 시설, 설비, 장소가 A회사의 소유라면 A회사는 그 시설 등에 대한 유해·위험 요인을 확인하고, 필요한 조처를 하는 등 중대재해처벌법상 의무를 이행해야 합니다.

시공사와 협력 업체가 함께 작업하는 건설 현장

건설공사는 시공사(원청)가 전체적인 현장관리를 하며, 협력 회사가 구체적인 시공을 수행하는 공동 작업의 대표적 사례에 해당합니다. 2022년 10월 추락 사고로 5명의 사상자가 발생한 저온 물류창고 신축 공사 현장 이외에도 대부분의 공사 현장 시공사

도급인은 수급인으로 하여금 수급인의 작업 및 해당 사업장에 대한 위험성평가를 실시하도록 하고, 도급인과 수급인 간 작업 및 위험 요인이 서로 관련되는 경우 이를 조정·관리해야 한다.

와 협력 업체가 함께 작업을 하다가 중대재해가 발생했습니다.

건설 현장에서 시공사와 협력 회사는 함께 중대재해처벌법상 의무를 이행해야 하는 경우가 많습니다. 시공사는 실제 시공 작업은 수행하지 않지만 품질·안전 등 현장에 대한 전체적인 관리를 수행하면서 사실상

SECTION 3

12. 우리 회사에 재해사고가 재발하면 어떻게 하나

이 경우 수사기관은 중대재해처벌법상의 개별 안전보건확보의무 준수 여부뿐 아니라, 기존 재해와 재발 재해가 어떤 연관성이 있는지를 심도 있게 수사하게 될 것입니다.

중대재해처벌법에서 정하는 사업주와 경영책임자등의 안전 및 보건 확보의무에는 재해 발생 시 재발 방지 대책의 수립 및 그 이행에 관한 조치가 포함돼 있습니다(중대재해처벌법 제4조 제1항 제2호, 제9조 제1항 제2호, 제2항 제2호). 따라서 재해 발생 시에는 발생한 재해에 대한 원인 조사와 결과 분석을 자체적으로 실시해야 합니다. 그 일환으로 현장 담당자 및 전문가의 의견 수렴 등을 통해 유해·위험 요인과 발생 원인을 파악해야 하며, 동일하거나 유사한 재해가 발생하지 않도록 파악된 유해·위험 요인별 원인 제거·대체 및 통제 방안을 검토해 종합적인 개선 대책을 수립하는 것이 중요합니다.

중대재해 재발 현황

다만 사업주의 재발 방지 노력에도 중대재해가 재발하는 것을 완벽하게 막기는 현실적으로 어렵습니다. 실제로 재해사고가 발생한 사업장에서 재해사고가 재발하는 경우가 많습니다. 고용노동부가 발표한 2022년 상반기 산업안전보건 감독 결과

➕ 용어 설명

경영책임자등

사업을 대표하고 사업을 총괄하는 권한과 책임이 있는 사람 또는 이에 준하여 안전보건에 관한 업무를 담당하는 사람.

더불어민주당 서울특별시의회와 광주광역시의회 의원들이 2022년 9월 13일 오후 서울 중구 서울시의회 앞에서 잇단 중대재해 책임이 있는 HDC현대산업개발에 대한 등록말소 등 서울시의 강력한 처벌을 촉구하는 기자회견을 열었다.

에 따르더라도 2022년 7월(7월 1~21일) 중대재해처벌법이 적용되는 50인(건설 규모 50억원) 이상 사업장에서 발생한 사망사고 23건 중 13건(56.5%)이 지난 5년간 사망사고가 발생한 기업에서 반복 발생했고, 그중 8건은 2022년 상반기에 사망사고가 발생한 기업에서 재발한 것으로 나타났습니다. 이와 같이 재해사고가 반복적으로 발생하는 사업장에 대해서는 다음과 같은 리스크가 존재합니다.

① 경영책임자등이 재해가 발생했음에도 이를 보고받을 수 있는 절차가 미비하거나 재해 발생 사실을 보고받고도 재해 재발 방지 대책을 수립하도록 지시하는 등의 제도가 정착화되지 않았다면 중대재해처벌법 제4조 제1항 제2호가 정하는 '재해 발생 시 재발 방지 대책의 수립 및 그 이행에 관한 조치' 의무 이행이 미비하다고 평가할 수 있습니다.

② 만일 과거 재해사고의 직접적 원인이 된 유해·위험 요인이 원인이 되어 과거 재해사고와 유사한 사고가 재발한 경우라면, 중대재해처벌법 제4조 제1항 제1호가 정하는 '재해 예방에 필요한 인력 및 예산 등 안전보건 관리체계의 구축 및 그 이행에 관한 조치' 의무 이행이 미비하다고 평가할 수 있습니다.

③ 만일 과거 재해사고와 관련해 중대재해처벌법 위반죄로 형을 선고받고 그 형이 확정된 후 5년 이내에 사고가 재발해 중대재해처벌법 위반죄로 처벌받게 되면 가중처벌됩니다(2분의 1 가중).

④ 반복적으로 법령을 위반하거나 유해·위험 요인을 방치하는 사업장으로 분류돼 고용노동부의 불시 기획·감독의 대상이 될 우려가 큽니다. 따라서 회사로서는 단순히 재발 방지를 위해 사고 사례에 대한 주의를 주는 정도가 아니라, 재해사고가 재발하지 않도록 과거 사고 사례나 위험 사례를 통계화하고, 그 유형 및 원인을 분석해 재발 방지 대책을 수립하는 절차를 체계적으로 마련할 필요가 있습니다.

재발 재해 대응은 어떻게 하나

그럼에도 중대재해가 또 발생한 경우 수사기관은 중대재해처벌법상 개별 안전보건확보의무 준수 여부뿐 아니라, 기존 재해와 재발 재해가 어떤 연관성이 있는지를 심도 있게 수사할 것입니다. 예를 들어 기존 재해 발생 당시 위험성평가에 문제가 있었다면 재발 재해 발생 당시 그러한 사항이 개선됐는지, 기존 재해 당시 협력 업체 안전보건 평가 기준이 실질적 역할을 하지 못했다면 재발 재해 당시에는 그러한 기준이 적절하게 적용되고 있었는지를 살펴봅니다. 그러므로 각 사업장에서는 기존 재해에 대한 재발 방지 대책이 어떻게 수립되고 조치됐는지를 소명하는 동시에 재발 재해 사건은 기존 재해 사건 및 그 원인과 관련이 없는 별개의 사고로 판단할 수 있도록 해야 할 것입니다.

> **경영책임자등은 재발 방지 대책을 신속하게 시행하고, 그 결과를 반드시 보고받으며, 재해 사례를 전 직원에게 전파해 재발하지 않도록 관리하는 것이 중요하다.**

SECTION 3

13. 다른 사업장에서 발생한 사고

다른 사업장에서 발생한 사고의 경우 실질적 지배·운영·관리하고 있는 사업 또는 사업장인지, 그리고 실질적 지배·운영·관리의 책임이 있는 사업 또는 사업장인지가 쟁점입니다.

➕ 용어 설명

도급
당사자 일방이 어느 일을 완성할 것을 약정하고 상대방이 그 일의 결과에 대해 보수를 지급할 것을 약정함으로써 그 효력이 생기는 계약을 말한다(민법 제664조).

수급
도급계약에서 일의 완성을 약정하는 측의 당사자다. 수급인은 정해진 시기·방법에 따라 일을 완성할 의무를 부담하며, 물건의 제작이나 수리 등의 도급의 경우는 그 목적물을 인도할 의무를 진다.

중대재해 사고는 사업장 밖에서도 발생할 수 있는데, 특히 운송·배송·설치·수리·점검 등의 업무는 다른 회사 사업장에서 사고가 일어날 수 있습니다. 이 경우 누가 책임을 져야 할까요?

최근 사례를 살펴보면 에어컨 설치 업체 인력이 고객 업체에서 작업 중 추락해 사망한 사례, 건설기계 레미콘이 다른 사업장에 시멘트를 운송하던 중 전복해 사망한 사례 등을 찾아볼 수 있습니다.

재해자를 고용한 기업 측에선 "우리 사업장 밖에서 벌어진 일이므로 사고가 발생한 사업 또는 사업장을 지배·운영·관리한다고 볼 수 없다"라고 주장합니다. 반면 수사기관에선 해당 재해에 대해 유해·위험 요인을 통제할 수 있다고 보고, 실질적 지배·운영·관리한다고 해석할 수 있습니다. 하지만 수사를 받는 기업 입장에서 타사 사업장의 사업장 관리 소홀이나 유해·위험 요인까지 일일이 체크할 수는 없습니다. 예를 들어, 건설기계 업체의 경우 타사 회사 사업장 내 관리 부실까지 파악해 타

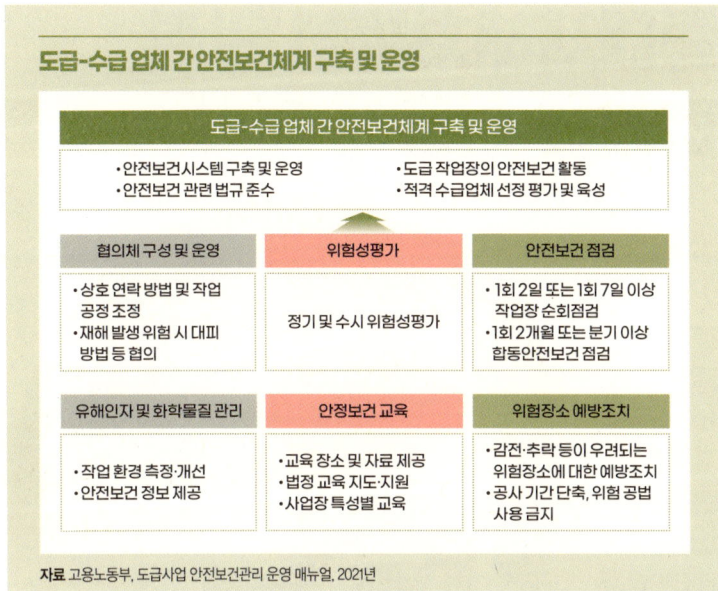

사 사업장의 레미콘 추락 방지를 예방하는 일은 무리한 요구라고 항변할 수 있을 것입니다.

한편 유사한 사례에서 기업이 산업안전보건법 위반으로 기소된 사례도 존재합니다. A 건설회사는 B 건설회사로 토사를 실은 덤프트럭을 보냈는데, B 건설회사 건설 현장에서 덤프트럭이 기울어져 운전자가 사망한 사고에 대해 검찰은 A 건설회사를 기소한 바 있습니다. 위 사안에서 A 건설회사는 자신이 관리하는 현장이 아님을 주장했지만, 결국 기소되어 현재 형사재판 중인 것으로 파악됩니다.

최근 고용노동부는 산업안전보건법 관련 질의 회신에서 에어컨 설치 사업을 하는 업체와 조달청 간 의무 관계에 대해 "국가 소유 건물의 신축·개보수 시 필요한 에어컨 설치를 의

사업장 밖에서 일어나는 중대재해에 대해서도 가능한 범위 내에서 자체적 안전보건확보의무를 이행해야 하며, 타사 사업장의 위험 요소에 대한 인지가 가능하다면 시정을 요구할 필요도 있다.

뢰받고, 이를 에어컨 전문점(수급인)에 도급해 수급인의 근로자가 해당 건물 신축, 개보수 현장에서 에어컨 설치 작업을 수행할 경우 귀사(도급인)가 지배·관리하는 장소로 보기 곤란하므로 도급인의 안전보건조치 의무가 있다고 보기 어렵다고 판단된다"라고 밝혔습니다(산업안전기준

과—453, 2021년 8월 20일).

위 고용노동부 질의 사안은 중대재해처벌법에서도 에어컨 설치 업무를 도급을 준 업체에 대한 실질적 지배·운영·관리 여부를 판단함에 있어 참작될 수 있을 것으로 생각합니다(다만 위 사안은 실질적 지배·관리 여부가 문제 된 것이므로 직접 에어컨 설치 업무를 수행하는 업체에 대해서는 직접 적용된다고 보기는 어렵습니다). 그렇다면 각 회사에서는 어떻게 대응해야 할까요?

먼저 계약 단계에서 책임 범위를 명확히 정해야 합니다. 타사 사업장에서 발생한 사고나 관리 책임에 대해 계약 시 명확히 규정해 우리 회사의 책임 범위를 구획할 필요가 있으며, 계약 내용이 우리 회사에 불리하게 해석되지 않도록 사전 방어책을 마련해야 합니다.

또한 사업장 밖에서 일어나는 중대재해에 대해서도 가능한 범위 내에서 자체적 안전보건확보의무를 실시하는 것이 바람직합니다. 즉 위험성평가 시 타사 사업장에서 이뤄지는 수리·점검·운송 등의 업무에 대한 위험성평가를 실시해야 합니다. 해당 작업과 관련해 필요한 법정 안전교육 관리도 진행하는 것이 필요합니다. 아울러 타사 사업장이 우리 회사와 자주 거래하는 업체라는 등 사정이 있어 어느 정도 구체적 위험 요소의 인지가 가능하다면(예를 들어 도로의 파손, 붕괴 위험 등), 타사 업체에 시정을 요구할 필요도 있습니다.

SECTION 3

14. 중대재해처벌법 관련 합의는 어떻게 하나

중대재해처벌법에서 형사 처벌을 강화하고 민사 손해배상금액도 손해액의 5배 범위 내에서 정할 수 있도록 함에 따라 현장에서는 사고발생 후 재해를 당한 피해자나 유족들과 합의가 어려워졌다고 볼멘 소리를 합니다. 특히 사망사고가 발생한 회사 입장에서는 경영책임자를 보호해야 하므로 구속영장 청구 등 신병처리가 있기 전에 조속히 피해자 측과 합의를 하는 것이 중요하다 보니 피해자 측이 다소 무리한 요구를 하더라도 들어줄 수밖에 없는 상황이라고 합니다.

➕ 용어 설명

손해 3분설
피해자가 입은 손해를 적극적 손해, 소극적 손해, 정신적 손해 3가지로 나누고, 각각의 항목에 대해 배상하는 것을 말한다.

중대재해처벌법에서 규정하는 중대산업재해 사고로 인해 해당 기업 소속의 근로자 혹은 협력 업체 소속의 근로자가 사망하거나 부상당했을 경우 경영책임자등 및 법인(기업)은 재해를 당한 피해자의 유족과 합의를 진행할 필요가 있습니다.
합의의 종류는 크게 민사합의와 형사합의가 있는데, 민사합의는 피해자나 그 유족이 입은 각종 재산적·정신적 피해를 배상한다는 차원의 합의를 말합니다. 형사합의는 중대재해처벌법위반죄에 대한 검찰의 기소 및 구형량 판단이나 법원의 양형 판단을 하는 데 경영책임자등 및 법인이 유리한 정상 자료를 만들어 최대한 선처를 받고자 하는 목적에서 하는 합의를 말합니다.
이렇게 민사합의와 형사합의는 법률상 목적과 효과가 분명히 다르지만, 실제 중대재해 사고가 발생하면 통상 양측은 민사와 형사 합의 절차를 한꺼번에 진행해 일정한 합의금을 총합적으로 산출한 다음 이를 지급하고 민사와 형사 합의 내용을 모두 포함하는 하나의 합의서를 작성해 합의를 종결하는 방식으로 진행하고 있습니다.

실제 합의 과정에서 고려하는 요소

민사합의금 | 민사 합의에서는 판례에 따른 손해 3분설의 입장에서 적극적 손해(부상자의 치료비, 개호비, 사망 시 장례비 등), 소극적 손해(일실수입), 위자료가 고려 대상이 될 것입니다.

여기서 적극적 손해는 금액을 산출하기에 어렵지 않고, 위자료의 경우 판례에 의거해 일정한 금액이 정해져 있는 것과 다름없지만, 소극적 손해(일실수입)는 산업재해 피해자의 경우 근로복지공단이 ① 유족(사망 피해자)에게 지급하는 유족보상일시금(평균임금의 1300일분)이나 유족보상연금[{평균임금(3개월) − (평균임금의 1/3, 생활비 공제)}×잔여 근무 개월 쉬의 액수 혹은 ② 부상자에게 지급하는 휴업급여와 장해급여(장해보상연금, 장해보상일시금)의 액수와 일반 손해배상 소송에서 산출되는 일실수입액이 서로 다를 수 있는바, 위 ①, ②의 금액과 일반적 일실수입액을 각각 산출한 금액의 범위 내에서 실제 합의금 규모가 결정되는 것이 보통입니다.

형사합의금 | 형사합의금은 통상적 사례에서의 합의금 관행 및 해당 기업의 규모나 그 기업에서의 중대재해 발생 빈도, 해당 기업과 피해자 각각의 과실 정도 등에 비춰 양측의 협상

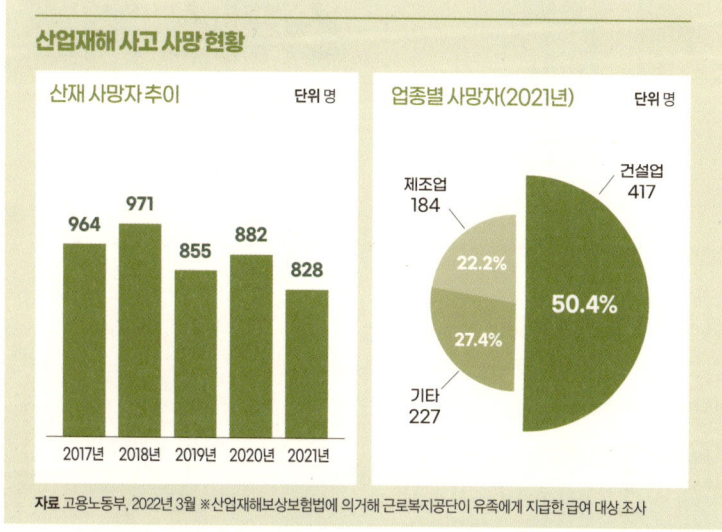

을 통해 결정되는 구조인데, 중대재해처벌법위반죄와 관련한 형사합의금은 국내 근로자가 사망했을 경우 2억~5억원 수준으로 액수가 상향됐다고 알려졌습니다.

합의서 작성 시 유의할 사항

중대재해처벌법 관련 합의서 작성 시 다음과 같은 사항에 유의해야 합니다. ① 합의금에 산업재해보상보험법상의 보험급여액(근로복지공단에서 지급)이 포함된 것인지 아니면 그 보험급여액은 피해자 측이 근로복지공단에서 별도로 지급받기로 한 것인지를 명확히 구분해 기재할 필요가 있습니다(경우에 따라 근로복지공단이 지급하는 보험금에서 공제하거나 회사가 수급권자의 권리를 대위행사하는 것이 제한 될 수 있습니다. 산업재해보상보험법 제80조, 제89조 참조).

② 합의금의 명칭을 단순히 '보상금'이나 '형사보상금'이라고만 기재하는 것은 바람직하지 않으며 '일체의 손해(피해) 배상금 및 형사합의금'으로 기재할 필요가 있습니다.

③ 합의 이후 피해자 측은 "합의 당시 예기치 못한 사항을 포함한 일체의 민형사상, 행정상 이의제기 및 언론 제보 등 어떠한 이의도 제기하지 않기로 한다"는 내용과 "해당 기업과 경영책임자등을 포함해 해당 기업의 임직원 및 이해관계인(그룹사 및 계열사 관계자, 현장관계자 등)에 대한 형사상 처벌을 원하지 않음을 확인하고, 필요 시 처벌불원서를 제출하기로 한다"는 내용을 포함시키거나 합의금 지급시에 미리 받을 필요가 있습니다.

④ 합의에 대한 비밀 유지 조항 ⑤ 세금공제 여부에 대해서도 합의서에 포함시킬 필요가 있습니다.

SECTION 3

15. 스위스 치즈 이론이란

이 이론에 따르면 보통 사고는 연속된 일련의 휴먼 에러에 의해 발생하는 것이 일반적이고, 사고 이전에 사고 발생과 관련한 전조 징후가 있다고 합니다. 이 모델은 사고 예방을 위해 휴먼 에러 방지를 가장 우선시합니다.

➕ 용어 설명

하인리히 법칙
대형 사고가 발생하기 전에 그와 관련한 수많은 경미한 사고와 징후가 반드시 존재한다는 것을 밝힌 법칙이다.

스위스 치즈 모델은 1990년경 영국의 심리학자이자 맨체스터 대학교 교수인 제임스 리즌(James Reason)이 《휴먼 에러(Human Error)》라는 저서를 집필하는 과정에서 개발한 사고 발생의 인과관계 모델입니다. 스위스 치즈 이론은 겉으로 보이는 사고의 직접적 원인 뒤에는 잠재적인 여러 결함이 존재하며, 이와 같은 결함들이 우연히 겹치면서 사고가 발생하는 과정이 마치 숙성 단계에서 불규칙하게 구멍(눈)이 뚫리는 스위스 치즈 슬라이스를 여러 장 겹쳤을 때 서로 관통하는 것과 같다고 묘사하고 있습니다.

사고의 분석

이 모델을 비행기 사고에 적용해보면 항공사가 비용 절감을 위해 안전 예산을 축소했다면 1단계 잠재적 요인인 조직의 문제가 발생하고, 이로 인해 충분한 자격을 지닌 감독자를 고용할 수 없거나, 조종사에 대한 안전교육이 부족했다면 이는 2단계 잠재적 요인이 될 것입니다. 이와 같은 1, 2단계의 잠재적 요인은 조종사의

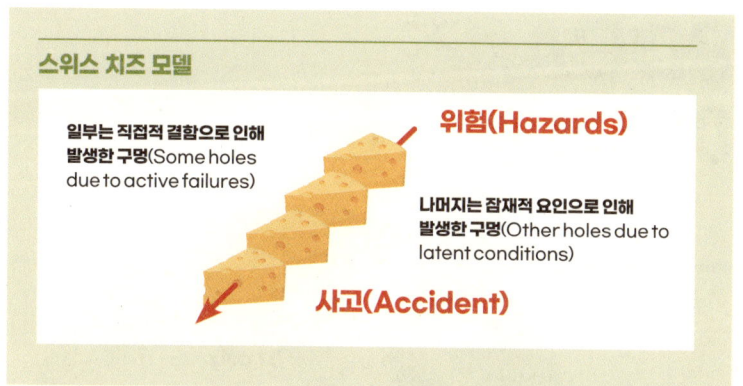

피곤, 스트레스 등 3단계의 잠재적 요인을 막지 못하는 원인이 되고, 결과적으로 비행기 사고의 직접적 요인이 된 결정적 오류나 규정 위반으로 인해 사고가 일어납니다.

또 다른 예로 코로나19에 감염된 경우(《뉴욕타임스》 2020년 12월 7일자 기사 'The Swiss Cheese Model of Pandemic Defense' 참조) 개인 감염의 직접적 원인으로는 방역 수칙 위반을 들 수 있지만, 그 배경에는 실내 환기 시설 미흡, 확진자 격리 실패, 백신접종 불완전 등 개인이 아닌 사회 또는 시스템 문제에 해당하는 잠재적 요인을 내포하고 있다고 할 수 있습니다.

산업재해에서도 근로자의 부주의한 행동이 사고를 유발한 직접적 원인(4단계)으로 보이는 경우라도, 그 배경에는 작업부하와 시간적 압박(3단계), 부적절한 작업 절차서, 작업계획 및 지도감독(2단계), 부족한 예산, 안전을 후순위로 두는 조직문화(1단계) 등이 자리 잡고 있을 가능성이 높습니다. 중대재해처벌법은 바로 산업안전보건법 등 기존 법제만으로는 규율하는 데 한계가 드러난 이와 같은 잠재적 요인을 찾아내고 안전불감증과 관리 소홀을 최소화하기 위해 제정됐습니다.

기능과 한계

스위스 치즈 모델은 사고 발생의 원인과 결과를 단선적인 인과관계로 이해하는 선형적 모델(하인리히 법칙 등)의 접근 방식에서 벗어나 잠재적 요인과 직접적 요인 사이의 다면적인 관계 틀로서 사고를 분석하는 시스템 모델의 시초라는 점에 의미가 있습니다. 덕분에 재해의 복합적 원인을 밝히고 이를 방지하기 위한 적절한 체계를 마련하는 방식으로서 가장 널리 활용되고 있습니다. 다만 스위스 치즈 모델 또한 잠재적 요인에 의해 유발된 직접적 요인으로 인해 사고가 발생한다고 상정한다는 측면에서는 단순 선형 모델의 변형에 불과해 사고의 복잡성을 이해하는 데 부적합하다는 비판이 있을 수 있습니다.

> 산업현장에서 산업재해를 예방하기 위해서는 근로자, 관리감독자, 사업주, 재해예방 전문 기관과 감독기관이 공동으로 접근해 각자의 위치에서 치즈에 있는 구멍을 메워야 한다.

사고 분석 방법

구분		결함
1단계 조직의 문제	잠재적 요인	자원 경영 관리 미흡, 조직문화와 운영 과정상의 문제점
2단계 부주의한 감독		부적절한 관리감독, 부적절한 실행계획 수립, 감독자의 규정 위반
3단계 부주의한 행동의 전제 조건		부족한 의사소통, 협조 부족, 조직원의 피로, 부적절한 실행
4단계 부주의한 행동	직접적 요인	오류(기술, 인식, 의사결정상의 오류 등), 통상적·예외적 규정 위반

SECTION 3

16. PDCA, 어떻게 해야 하나

중대재해처벌법의 안전보건관리체계는 PDCA 사이클과 같아야 한다고 규정돼 있습니다. PDCA는 계획을 세우고(Plan), 실행하고(Do), 평가하고(Check), 개선한다(Act)는 일련의 관리 사이클입니다.

➕ 용어 설명

데밍 사이클
계획(Plan), 실행(Do), 평가(Check), 개선(Act)의 4단계를 반복해 업무 효율을 지속적으로 향상시키는 생산 및 품질 관리 방법이다.

안전보건관리체계란 사업주가 근로자와 상호 협력해 산업재해를 방지하는 경영 목표를 달성하기 위한 것으로, PDCA의 사이클을 실행하면서 계속적으로 자율적 안전보건관리를 이행함으로써 쾌적한 작업 환경을 조성하는 것을 말합니다.

우리나라의 중대재해처벌법에서 요구하는 안전보건관리체계의 구축은 영국 자료를 참고하고 있습니다. 영국 산업안전보건청은 사업주의 안전보건경영 책임이행을 위한 안전보건관리체계구축에 대해 설명하고 관련 자료를 제시하고 있습니다. 2013년(1991년 제정)에 공개한 안전보건경영가이드(Managing for Health and Safety)에서는 사업에서의 안전보건경영의 운영 방식, 즉 안전보건관리체계의 구축에 대한 기본적인 접근방식을 제시하고 있습니다.

PDCA는 무엇이고, 어떻게 하나
PDCA는 계획을 세우고(Plan), 실행하고(Do), 평가하고(Check), 개선한다(Act)는 일련의 관리 사이클입니다. 미국 통계학자 윌리엄 에드워즈

데밍(William. Edwards Deming)이 체계화한 품질 관리 이론으로 '데밍 사이클(Deming Cycle)'이라고도 합니다. PDCA로의 이동은 관리시스템과 실행 측면 사이의 균형적 달성을 의미합니다. 또한 PDCA는 건강 및 안전 관리를 별도의 실행형 시스템이 아닌 기업의 전반적 필수 경영관리체계로 취급합니다. PDCA의 핵심은 행동과 행동의 결과인 피드백을 통해 이를 수정해나감으로써 목표에 접근하는 방식입니다.

PDCA는 4단계로 구성돼 있으며, 단계적(나선형)으로 계속 이행해야 합니다.

 Plan(계획)
과거 자료의 결과를 분석하고 예측하며, 달성할 목표와 방침을 설정하고 개선 계획을 수립한다.

② Do(실행)
수립한 개선 계획을 실행하기 위해 필요한 예산·인력을 배정하고 역할(Role)과 책임(Responsibility)을 명확하게 정해 실행한다.

③ Check(평가)
역할(Role)과 책임(Responsibility)에 따라 개선 계획을 실행한 것에 대한 과정과 결과를 분석하고 평가한다.

 Act(개선)
평가를 바탕으로 미흡한 점에 대해서는 개선 계획을 다시 수립하고 이행해 전체 사이클의 적합성을 보완한다. 또한 개선 계획 실행이 만족스러운 경우 단계를 높이고 넓혀 개선이 완성되도록 한다.

> 안전보건경영시스템은 초기 안정성 검토→안전보건방침 설정→계획→실행 및 운영→점검 및 시정조치→경영 검토의 과정을 반복하며, 지속적인 개선 과정을 통해 이뤄진다. 안전보건경영시스템은 최고경영자가 정기적으로 검토해 실효성과 지속성을 유지해야 한다.

단순해 보이지만 실행하기 어려운 PDCA를 제대로 이행해야

PDCA는 당연하고 단순해 보이지만 실제 기업 경영활동에서 이행하기는 쉽지 않습니다. 계획의 완성도가 낮거나 현장에서 실행되지 않아 계획으로만 끝나는 경우가 많기 때문입니다. 따라서 조직 구조와 문화를 잘 이해하고 현장에서 이행 가능한 계획을 수립하는 것은 물론, 경영책임자의 안전보건에 대한 강력한 의지가 계획에 반영돼야 합니다.

중대재해처벌법이 그러한 경영책임자의 강력한 안전보건관리에 대한 의지를 도출하고자 만들어진 법이지만 그 수단으로 중한 처벌이라는 손쉬운 수단만을 채택한 점은 아쉬운 부분입니다.

SECTION 3

17. ALARP는 무엇인가

ALARP는 'As Low As Reasonably Practicable'에서 각 단어의 첫 글자를 딴 용어로, 위험관리 이론에서 위험성을 합리적으로 실행 가능한 범위에서 최대로 낮추면 이를 허용 가능한 수준으로 보는 원칙을 말합니다.

⊕ 용어 설명

허용된 위험
일정한 생활 범위에서 예견하고 회피할 수 있는 위험이라 할지라도 전적으로 금지할 수 없는 위험을 말한다.

ALARP는 영국의 산업안전보건법(Health and Safety at Work Act)이 1974년 입법되기 전, 법원이 산업재해 판례를 통해 사업주의 책임 범위를 정하기 위해 활용한 기준입니다. 채굴 작업 중 내부 궤도차 사고로 사망한 광부의 유족이 국립석탄국(National Coal Board)에 대해 제기한 소송(Edwards v. National Coal Board, 1949년)에서 처음 제시된 것으로 알려졌습니다. 위 사건에서 법원은 석탄광산법에 정한 대로 모든 궤도를 보강하는 것은 지나치게 비용이 높아 불합리하다는 국립석탄국의 항변에 대해 모든 궤도를 보강하는 것이 합리적으로 실행 가능한 수준을 넘어섬을 입증하지 못하는 한, 일부만을 보강한 것은 위법하다고 보아 항변을 배척했습니다. 특히 법원은 ALARP는 물리적으로 가능(Physically Possible)한 것보다 좁은 개념으로서, 위험과 이를 피하기 위한 희생(시간, 노력 또는 금전적 비용) 사이의 정량적 형량을 통해 희생에 비해 피할 수 있는 위험이 경미한 경우에 그와 같은 위험을 방지 의무를 배제할 수 있다고 했습니다. 이는 사업주가 위험성평가(Risk Assessment)를 기반으로 일정 수준 이상의 위험을 관리해야 한다는 현대 위험관리 이론의 개념을 차용한 것으로 평가됩니다.

허용 가능한 위험이란

위험(Risk)의 사전적 의미는 '해로움이나 손실이 생길 우려가 있는 것'입니다. 해로움이나 손실을 발생시킬 수 있는 모든 원인을 위험으로 볼 수 있기 때문에 위험이 완전히 제거된 상태는 이론상 상정하기 어렵습니다. 안전관리나 공공보건, 환경관리 등 영역에서는 확정적이지 않은 위험을 어느 정도 수준에서 관리할 것인지가 항상 문제입니다. 비록 위험은 최대한 제거하는 것이 바람직하지만 여기에 드는 노력과 비용을 고려할 때 인체의 건강이나 안전, 환경을 위협하는 위험에 대해서도 허용 가능한 수준을 정해두고 그 수준

사업장 위험성평가의 위험 수준을 결정할 경우 수용 불가능한 영역, 허용 가능한 영역, 일반통념상 수용되는 영역으로 구분할 수 있다.

이상일 때 조치를 취하도록 해야 실행 가능한 위험관리가 가능해지기 때문입니다.

영국의 안전보건청(Health and Safety Executive, HSE)은 산업안전과 관련해 위험의 영역(Region)을 ① 수용 불가능한 영역 ② 허용 가능한 영역 ③ 일반 통념상 수용되는 영역으로 구분합니다.

수용 불가능한 영역의 위험은 어떤 비용과 노력을 감수하더라도 반드시 낮춰야 하는 위험이며, 허용 가능한 영역의 위험은 비용 및 이점을 고려해 합리적으로 실행 가능한 범위를 말합니다. 일반 통념상 수용되는 영역의 위험은 추가적 감소가 불필요한 위험을 뜻합니다. 나아가 HSE에서는 위험의 정량적 기준을 제시해 연간 치명도(Frequency of Fatality Per Year)가 1×10^{-4}(1만 명당 1명) 이상이면 수용 불가능한 위험, 1×10^{-6}(100만 명당 1명) 이상이면 허용 가능한 위험, 3×10^{-7}(3000만 명당 1명) 이상이면 일반 통념상 수용되는 위험으로 볼 수 있다고 권고하고 있습니다.

정량적 위험성평가 전제

ALARP는 위험에 대한 평가와 위험을 제거하는 데 가용 가능한 기술의 수준, 위험을 제거하는 데 소요되는 비용, 위험이 현실화되는 빈도, 발생 시 파급효과와 그로 인한 비용 등 다양한 기초 자료와 정량적 평가를 전제로 합니다. 우리나라의 산업재해 위험성평가 제도는 정량적 분석을 제한적으로 실시하고 있어 ALARP의 개념이 전면적으로 활용된다고 보기는 어려우나, 위험성평가에 있어 ALARP는 중요한 기준이 될 수 있을 것입니다. 한편 최근 정부가 발표한 '중대재해 감축 로드맵'은 중대재해 감축의 핵심 추진방안으로 위험성평가를 제시하고 있습니다. 이 같은 정책이 제대로 결실을 맺기 위해서는 우선 사업장 별로 정량적 위험성을 면밀히 평가할 수 있어야 합니다.

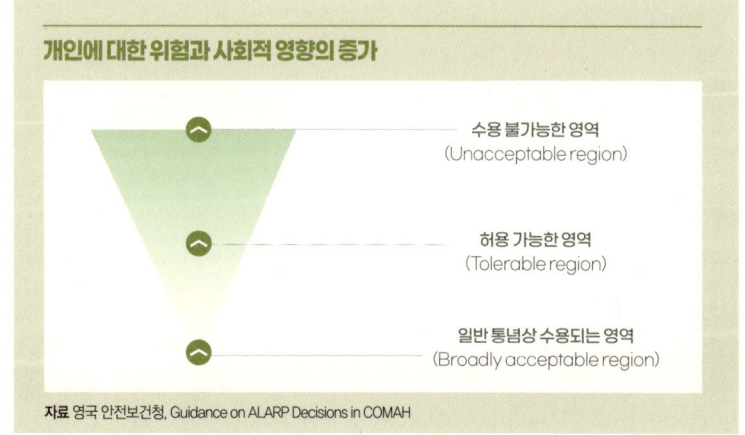

개인에 대한 위험과 사회적 영향의 증가

- 수용 불가능한 영역 (Unacceptable region)
- 허용 가능한 영역 (Tolerable region)
- 일반 통념상 수용되는 영역 (Broadly acceptable region)

자료 영국 안전보건청, Guidance on ALARP Decisions in COMAH

CLOSING — 안전 및 보건 확보의무 이행 체크리스트

안전 및 보건 확보의무 이행 체크리스트

법 제4조
(사업주와 경영책임자등의 안전 및 보건 확보의무)

1. 재해예방에 필요한 인력 및 예산 등 안전보건관리체계 구축 및 그 이행에 관한 조치
(법 제4조 제1항 제1호)

1) 안전·보건 목표와 경영방침 설정

안전·보건 목표
① 사업 또는 사업장의 유해·위험 특성 및 규모를 고려해 기업 전체, 본사, 사업 부서별 목표가 설정돼 있다.
② 목표에 재해자 수 등 결과 지표와 더불어 안전·보건 활동 등 과정 지표가 포함돼 있다.

안전·보건 경영방침
① 경영방침에 모든 종사자의 생명 보호와 작업장의 안전을 최우선 목표로 한다는 취지를 명확하게 밝히고 있다.
② 사업장의 유해·위험 요인의 개선을 위해 우선적으로 예산과 인력을 배정하도록 하는 내용을 포함하고 있다.
③ 경영방침을 모든 종사자와 이해관계자가 쉽게 알 수 있도록 인트라넷, 게시판 등을 통해 공개하고 있다.

2) 안전·보건 업무를 총괄·관리하는 전담 조직 설치

① (전담 조직 설치 대상인 경우) 법 제4조와 제5조에서 정하고 있는 안전·보건 확보의무를 총괄·관리하는 전담 조직*을 구성했다.
* 전담 조직은 최소 2명 이상으로 구성
② (중소기업의 경우) 관계 법령의 기준에 따라 안전보건 전문 인력을 채용·배치했거나 외부 안전·보건 전문 기관 등에 위탁했다.

3) 유해·위험 요인 확인 개선 절차 마련, 점검 및 필요한 조치

① 사업장 내 위험한 장소와 기계·기구 및 유해 인자에 대한 대책을 마련했다.
② 사업장 내 모든 종사자로부터 유해·위험 요인을 발굴해 신고하도록 하는 절차를 마련했고 개선 여부를 확인하고 있다.
③ 유해·위험 요인을 개선하는 과정 중에는 관련 작업을 반드시 중지하며, 개선이 완료된 이후 작업이 진행되도록 절차를 마련했다.

자료 고용노동부

④ 산업안전보건법 제36조에 따라 위험성평가를 실시하고 있다.

4) 재해 예방에 필요한 안전·보건에 관련 인력·시설·장비 구비와 유해·위험 요인 개선에 필요한 예산 편성 및 집행
① 안전·보건 관계 법령에 따른 의무이행에 필요한 인력·시설·장비를 구비하기 위해 예산을 편성했다.
② 시행령 제4조 제3호에 따른 유해·위험 요인의 개선에 필요한 예산(종사자 의견 청취에 따른 재해예방에 필요한 내역도 포함)을 편성했다.
③ 편성된 예산을 용도에 맞게 집행하고 있다.

5) 안전보건관리책임자등 충실한 업무 수행 지원(권한과 예산 부여, 평가 기준 마련 및 평가·관리)
① 안전보건관리규정 등 내부 규정을 통해 사전에 안전보건관리책임자등에게 권한과 책임, 예산 등을 명확하게 부여했다.
② 안전보건관리책임자등이 해당 업무를 충실하게 수행하는지 평가하는 기준이 있고, 반기 1회 이상 평가·관리하고 있다.

6) 산업안전보건법에 따른 안전관리자, 보건관리자 등 전문 인력 배치
① 안전관리자, 보건관리자, 안전보건관리책임자, 산업보건의*를 법적 요건 이상으로 배치했다.
  * 기업규제완화법에서 면제하거나 채용한 것으로 간주하는 경우는 예외
② 안전관리자* 등 전문 인력의 업무 수행시간을 보장하고 있다.
  * 특히 해당 업무를 전담이 아니라 겸직하고 있는 경우

7) 종사자의 의견 청취 절차 마련, 청취와 개선 방안 마련 및 이행 여부 점검
① 안전·보건에 관한 사항(문제점 및 개선 방안 등)에 대해 종사자의 의견을 듣는 신고·제안 절차를 운영하고 있다.
② 산업안전보건위원회(산안법 제24조)를 구성·운영하고 있다.

③ 도급인·수급인 협의체(산안법 제64조), 건설공사 협의체(산안법 제75조) 등을 운영하고 있다.
④ 종사자의 의견을 듣고 재해 예방에 필요하다고 인정하는 경우 개선 방안을 마련해 이행 여부를 반기 1회 이상 점검한 후 필요한 조치를 하고 있다.

8) 중대산업재해 발생 시 조치 매뉴얼 마련 및 조치 여부 점검
① 중대산업재해가 발생하거나 급박한 위험에 대비한 매뉴얼이 마련돼 있고 이행 여부를 반기 1회 이상 점검하고 있다.
② 해당 매뉴얼에는 중대산업재해 발생 시 작업 중지, 근로자 대피, 위험요인 제거 등 대응조치, 재해자 구호 및 추가 피해 방지 조치가 포함돼 있다.

9) 도급·용역·위탁 시 산재 예방 조치 능력과 기술에 관한 평가 기준·절차 및 관리 비용, 업무 수행 기관 관련 기준 마련 및 이행 여부 점검
① 도급·용역·위탁 등을 받는 자의 산업재해 예방을 위한 조치 능력과 기술에 관한 평가 기준·절차가 마련돼 있다.
② 도급·용역·위탁 등을 받는 자의 안전·보건을 위한 관리 비용에 관한 기준을 마련했다.
③ 건설업 및 조선업의 경우 도급·용역·위탁 등을 받는 자의 안전·보건을 위한 공사 기간 또는 건조 기간에 관한 기준을 마련했다.
④ 마련된 기준과 절차에 따라 도급·용역·위탁 등이 이루어지는지 반기 1회 이상 점검하고 있다.

2. 재해 발생 시 재발 방지 대책 수립 및 그 이행에 관한 조치
(법 제4조 제1항 제2호)

① 재해가 발생한 경우 보고 절차가 마련돼 있다.
② 재해 발생 시 재발 방지 대책을 수립하도록 지시했거나 재발 방지 대책을 수립하도록 하고 있다.
③ 재발 방지 대책의 담당자와 이행 시기가 정해져 있고 사업주등이 이행 여부를 확인하는 절차를 두고 있다.

3. 중앙행정기관·지방자치단체가 관계 법령에 따라 개선, 시정 등을 명한 사항의 이행에 관한 조치(법 제4조 제1항 제3호)

① 중앙행정기관등의 행정처분 사실과 내용에 대해 사업주등에게 보고하는 절차를 가지고 있다.
② 사업주등은 개선 또는 시정을 명한 사항에 대해 주기적으로 이행 여부를 확인하고 있다.

4. 안전·보건 관계 법령에 따른 의무이행에 필요한 관리상 조치
(법 제4조 제1항 제4호)

1) 안전·보건 관계 법령에 따른 의무이행 여부에 대한 점검
① 법령에 따른 의무를 이행했는지 반기 1회 이상 점검(위탁해 점검하는 경우를 포함)하고 직접 점검하지 않은 경우 점검이 끝난 후 지체 없이 점검 결과를 보고받고 있다.
② 의무가 이행되지 않은 사실이 확인되면 인력을 배치하거나 예산을 추가로 편성·집행하도록 하는 등 해당 의무 이행에 필요한 조치를 하고 있다.

2) 유해·위험 작업에 대한 안전·보건 교육 실시 여부 점검 및 조치
① 의무적으로 실시해야 하는 법령상의 안전·보건 교육 항목 및 내용과 실시 여부를 반기 1회 이상 파악·점검하고 있다.
② 점검 또는 보고 결과 실시되지 않은 교육은 지체 없이 그 이행의 지시, 예산의 확보 등 필요한 조치를 하고 있다.

법 제5조
(도급·용역·위탁 등 관계에서 안전 및 보건 확보의무)

1. 도급·용역·위탁 등 관계에서 안전 및 보건 확보의무

1) 사업주 또는 경영책임자등은 사업주나 법인 또는 기관이 제3자에게 도급·용역·위탁 등을 행한 경우에는 제3자의 종사자에게 중대산업재해가 발생하지 아니하도록 제4조의 조치를 해야 한다.

2) 다만 사업주나 법인 또는 기관이 그 시설·장비·장소 등에 대해 실질적으로 지배·운영·관리하는 책임이 있는 경우에 한정한다.
① 제3자에게 도급·용역·위탁 등을 행한 경우 제3자의 종사자에게 중대산업재해가 발생하지 않도록 제4조의 조치를 하고 있다.

CLOSING 안전보건관리체계 가이드

안전보건관리체계 가이드

1.
안전보건관리체계 구축 및 이행 관련
(법 제4조 제1항 제1호)

1) 안전·보건 목표 및 경영 방침 설정(시행령 제4조 제1호)
   – 전사적 안전보건관리 목표 및 중·장기 전략이 설정돼 있는가
   – 동종 업계에 비해 내용이 구체적인가
   – 내부 시행 및 이행 달성 정도의 평가 시스템이 구축됐는가
   – 안전·보건 활동에 관한 보고서를 발간하는가

2) 안전보건전담조직 설치(시행령 제4조 제2호)
   – 안전보건전담조직 설치 대상 사업장인가(안전관리 인력이 총 3명 이상이며 상시 근로자가 500명 이상이거나 시공 능력 200위 이내 사업장인가)
   – 전담 조직은 2명 이상으로, 안전·보건 업무를 총괄·관리할 수 있는 합리적 인원으로 구성되는가
   – 전담 조직 부서장과 부서원 모두 안전·보건에 관한 업무만 총괄·관리하는가
   – 안전·보건과 무관하거나 목표의 상충이 일어날 수 있는 업무를 함께 수행하지 않는가

3) 유해·위험 요인 확인 및 개선 업무 절차 마련(시행령 제4조 제3호)
   – 산업안전보건법 제36조에 따른 위험성평가 제도를 도입하고 해당 절차에 따라 위험성평가를 실시하는가
   – 유해·위험 요인의 확인 및 개선 이행에 대해 반기 1회 이상 점검하는가
   – 협력 업체가 유해·위험 요인 확인 및 개선 절차에 참여하는가
   – 위험 개선 결과의 이행 수준 검토 및 관리체계 보완이 이뤄지는가
   – ① 기계·기구, 설비, 원재료 등의 신규 도입 또는 변경
   ② 건설물·기계·기구·설비 등의 정비 보수 시
   ③ 작업 방법 및 절차의 변경 등이 실행되기 전에 각각 유해·위험 요인의 확인이 이뤄지는가

4) 안전·보건 예산 편성 및 집행(시행령 제4조 제4호)
   – 안전·보건 관련 예산 분류 기준을 갖추고 시행하는가
   – 예산은 대표이사의 안전·보건 계획과 연계되는가
   – 위험성평가, 안전교육 개선, 사업장별 안전보건관리자의 업무 수행 등에 필요한 예산 항목이 포함돼 있는가

- 예산별 용도 내 집행 여부를 점검하는 시스템이 있는가

5) 안전보건관리책임자등의 권한 및 예산 부여, 안전보건관리자등 평가 (시행령 제4조 제5호)
- 안전보건관리책임자 등의 권한 및 예산을 부여하는 역할과 책임 및 전결 규정이 마련돼 있는가
- 안전보건관리책임자등의 평가 기준이 마련돼 있는가
- 안전보건관리책임자등의 평가를 반기 1회 이상 진행하는가

6) 안전·보건 전문 인력 배치, 업무 수행 시간 보장(시행령 제4조 제6호)
- 안전관리자, 보건관리자, 안전보건관리담당자, 산업보건의 등 법정 인력 선임 대상인가, 선임 대상일 경우 몇 명을 둬야 하는가
- 안전·보건 업무에 관한 업무 수행 시간이 보장돼 있는가
- 사업장별 독립적 안전·보건 업무 수행체계가 구축돼 있는가

7) 종사자 의견 청취 절차 마련 등(시행령 제4조 제7호)
- 종사자 의견을 청취할 수 있는 절차가 마련돼 있는가
- 재해 예방을 위한 개선 방안을 마련해 이행 여부를 반기 1회 이상 점검한 후 필요한 조치를 하는가

8) 급박한 위험 시 대응 절차 등(시행령 제4조 제8호)
- 중대산업재해가 발생하거나 발생할 급박한 위험이 있을 경우를 대비한 대응 절차 매뉴얼이 있는가
- 매뉴얼에 작업 중지, 근로자 대피, 위험 요인 제거 등 대응조치, 중대산업재해를 입은 사람에 대한 구호조치, 추가 피해 방지조치에 관한 사항이 포함돼 있는가
- 해당 매뉴얼에 따라 조치하는지를 반기 1회 이상 점검하는가

9) 도급·용역·위탁 시 평가 절차 등(시행령 제4조 제9호)
- 도급·용역·위탁 등을 받는 자의 산업재해 예방을 위한 조치 능력과 기술에 관한 평가 기준 및 절차가 마련돼 있는가
- 기준 미달 시 실질적으로 재계약 거부 또는 입찰 탈락 등의 조치를 하고 있는가
- 도급·용역·위탁 등을 받는 자의 안전·보건을 위한 관리비용에 관한 기준이 마련돼 있는가

CLOSING 안전보건관리체계 가이드

- 건설업 및 조선업의 경우 도급·용역·위탁 등을 받는 자의 안전보건을 위한 공사 기간 또는 건조 기간에 관한 기준을 정기적으로 확인 및 점검하고, 각 이행 관련 자료를 서면 보관하는가
- 위 사항을 반기 1회 이상 점검하고 있는가

2. 재해 발생 시 재발 방지 대책 수립 및 이행에 관한 조치 관련 (법 제4조 제1항 제2호)

- 발생한 재해에 대한 조사와 결과 분석, 현장 담당자 및 전문가의 의견 수렴 등을 통해 유해·위험 요인과 발생 원인을 파악하는가
- 동일하거나 유사한 재해가 발생하지 않도록 파악한 유해·위험 요인을 제거 및 대체하고, 통제 방안을 검토해 세부적 개선 대책을 마련하고 있는가

3. 중앙행정기관, 지자체의 개선·시정 등 명령 사항 이행 조치(법 제4호 제1항 제3호)

- 보고 절차가 규정화돼 있는가
- 보고 및 이행 확인 시스템이 구성돼 있고, 적절히 활용되고 있는가

4.
안전·보건 관계 법령에 따른 의무 이행에 필요한 관리상의 조치

1) 안전·보건 관계 법령 의무 이행 여부 점검 및 결과 보고(시행령 제5조 제2항 제1호)
   - 경영책임자등을 중심으로 안전·보건 관계 법령 의무이행 사항의 보고 시스템이 마련돼 있는가
   - 반기 1회 이상 의무 이행 점검 업무를 자체 수행하거나, 전문 기관에 위탁해 수행하고 있는가

2) 유해·위험 작업에 관한 안전보건교육(시행령 제5조 제2항 제3호)
   - 계층별 안전보건교육 이수관리체계가 마련돼 있는가
   - 협력 업체에 대해서도 안전보건교육 관리체계가 마련돼 있는가
   - 안전보건교육 이수율 통제 시스템이 존재하는가
   - 반기 1회 이상 안전보건교육 여부 등을 점검하고 있는가

3) 각 점검 결과를 토대로 인력 배치 및 예산 추가 편성
   (시행령 제5조 제2항 제2호, 제3호, 제4호)
   - 위 점검 결과를 본사 등에 보고하며, 인력 배치 및 예산 편성·교육 등에 반영하고 있는가
   - 안전보건담당 임원이 관련 권한을 보유하고 있는가
   - 내부 절차상 필요한 조치 사항이 누락되는 것을 방지하거나 보완할 만한 시스템이 마련돼 있는가

5.
기타

1) 도급·용역·위탁 관계에서의 안전 및 보건 확보의무(법 제5조)
   - 도급·용역·위탁의 경우, 해당 장소의 유해·위험 요인을 인지하고 이를 관리 및 개선가능할 정도로 실질적으로 지배·운영·관리 책임을 부담하는 사업장이 있는가
   - 실질적으로 지배·운영·관리하는 사업장의 경우, 안전 및 보건 확보의무를 이행하고 있는가

2) 조치 등 이행 사항에 관한 서면 보관(시행령 제13조)
   - 조치 등의 이행에 관한 사항을 서면으로 작성하고 있는가
   - 해당 서면을 이행한 날부터 5년간 보관하고 있는가

중대재해 처벌 등에 관한 법률

법률 제17907호, 2021. 1. 26. 제정

제1장 총칙

제1조(목적)
이 법은 사업 또는 사업장, 공중이용시설 및 공중교통수단을 운영하거나 인체에 해로운 원료나 제조물을 취급하면서 안전·보건 조치의무를 위반하여 인명피해를 발생하게 한 사업주, 경영책임자, 공무원 및 법인의 처벌 등을 규정함으로써 중대재해를 예방하고 시민과 종사자의 생명과 신체를 보호함을 목적으로 한다.

제2조(정의) 이 법에서 사용하는 용어의 뜻은 다음과 같다.
1. "중대재해"란 "중대산업재해"와 "중대시민재해"를 말한다.
2. "중대산업재해"란 「산업안전보건법」 제2조제1호에 따른 산업재해 중 다음 각 목의 어느 하나에 해당하는 결과를 야기한 재해를 말한다.
    가. 사망자가 1명 이상 발생
    나. 동일한 사고로 6개월 이상 치료가 필요한 부상자가 2명 이상 발생
    다. 동일한 유해요인으로 급성중독 등 대통령령으로 정하는 직업성 질병자가 1년 이내에 3명 이상 발생
3. "중대시민재해"란 특정 원료 또는 제조물, 공중이용시설 또는 공중교통수단의 설계, 제조, 설치, 관리상의 결함을 원인으로 하여 발생한 재해로서 다음 각 목의 어느 하나에 해당하는 결과를 야기한 재해를 말한다. 다만, 중대산업재해에 해당하는 재해는 제외한다.
    가. 사망자가 1명 이상 발생
    나. 동일한 사고로 2개월 이상 치료가 필요한 부상자가 10명 이상 발생
    다. 동일한 원인으로 3개월 이상 치료가 필요한 질병자가 10명 이상 발생
4. "공중이용시설"이란 다음 각 목의 시설 중 시설의 규모나 면적 등을 고려하여 대통령령으로 정하는 시설을 말한다. 다만, 「소상공인 보호 및 지원에 관한 법률」 제2조에 따른 소상공인의 사업 또는 사업장 및 이에 준하는 비영리시설과 「교육시설 등의 안전 및 유지관리 등에 관한 법률」 제2조제1호에 따른 교육시설은 제외한다.
    가. 「실내공기질 관리법」 제3조제1항의 시설(「다중이용업소의 안전관리에 관한 특별법」 제2조제1항제1호에 따른 영업장은 제외한다)

나. 「시설물의 안전 및 유지관리에 관한 특별법」 제2조제1호의 시설물(공동주택은 제외한다)
　　다. 「다중이용업소의 안전관리에 관한 특별법」 제2조제1항제1호에 따른 영업장 중 해당 영업에 사용하는 바닥면적(「건축법」 제84조에 따라 산정한 면적을 말한다)의 합계가 1천제곱미터 이상인 것
　　라. 그 밖에 가목부터 다목까지에 준하는 시설로서 재해 발생 시 생명·신체상의 피해가 발생할 우려가 높은 장소
5. "공중교통수단"이란 불특정다수인이 이용하는 다음 각 목의 어느 하나에 해당하는 시설을 말한다.
　　가. 「도시철도법」 제2조제2호에 따른 도시철도의 운행에 사용되는 도시철도차량
　　나. 「철도산업발전기본법」 제3조제4호에 따른 철도차량 중 동력차·객차(「철도사업법」 제2조제5호에 따른 전용철도에 사용되는 경우는 제외한다)
　　다. 「여객자동차 운수사업법 시행령」 제3조제1호라목에 따른 노선 여객자동차 운송사업에 사용되는 승합자동차
　　라. 「해운법」 제2조제1호의2의 여객선
　　마. 「항공사업법」 제2조제7호에 따른 항공운송사업에 사용되는 항공기
6. "제조물"이란 제조되거나 가공된 동산(다른 동산이나 부동산의 일부를 구성하는 경우를 포함한다)을 말한다.
7. "종사자"란 다음 각 목의 어느 하나에 해당하는 자를 말한다.
　　가. 「근로기준법」상의 근로자
　　나. 도급, 용역, 위탁 등 계약의 형식에 관계없이 그 사업의 수행을 위하여 대가를 목적으로 노무를 제공하는 자
　　다. 사업이 여러 차례의 도급에 따라 행하여지는 경우에는 각 단계의 수급인 및 수급인과 가목 또는 나목의 관계가 있는 자
8. "사업주"란 자신의 사업을 영위하는 자, 타인의 노무를 제공받아 사업을 하는 자를 말한다.
9. "경영책임자등"이란 다음 각 목의 어느 하나에 해당하는 자를 말한다.
　　가. 사업을 대표하고 사업을 총괄하는 권한과 책임이 있는 사람 또는 이에 준하

CLOSING 중대재해 처벌 등에 관한 법률

여 안전보건에 관한 업무를 담당하는 사람
나. 중앙행정기관의 장, 지방자치단체의 장, 「지방공기업법」에 따른 지방공기업의 장, 「공공기관의 운영에 관한 법률」 제4조부터 제6조까지의 규정에 따라 지정된 공공기관의 장
다. 그 밖에 안전보건관리체계 구축 등을 위해 필요한 사항으로서 고용노동부 장관이 정하여 고시하는 사항

제2장
중대산업재해

제3조(적용범위)
상시 근로자가 5명 미만인 사업 또는 사업장의 사업주(개인사업주에 한정한다. 이하 같다) 또는 경영책임자등에게는 이 장의 규정을 적용하지 아니한다.

제4조(사업주와 경영책임자등의 안전 및 보건 확보의무)
① 사업주 또는 경영책임자등은 사업주나 법인 또는 기관이 실질적으로 지배·운영·관리하는 사업 또는 사업장에서 종사자의 안전·보건상 유해 또는 위험을 방지하기 위하여 그 사업 또는 사업장의 특성 및 규모 등을 고려하여 다음 각 호에 따른 조치를 하여야 한다.
1. 재해예방에 필요한 인력 및 예산 등 안전보건관리체계의 구축 및 그 이행에 관한 조치
2. 재해 발생 시 재발방지 대책의 수립 및 그 이행에 관한 조치
3. 중앙행정기관·지방자치단체가 관계 법령에 따라 개선, 시정 등을 명한 사항의 이행에 관한 조치
4. 안전·보건 관계 법령에 따른 의무이행에 필요한 관리상의 조치
② 제1항제1호·제4호의 조치에 관한 구체적인 사항은 대통령령으로 정한다.

제5조(도급, 용역, 위탁 등 관계에서의 안전 및 보건 확보의무)
사업주 또는 경영책임자등은 사업주나 법인 또는 기관이 제3자에게 도급, 용역, 위탁 등을 행한 경우에는 제3자의 종사자에게 중대산업재해가 발생하지 아니하도록 제4조의 조치를 하여야 한다. 다만, 사업주나 법인 또는 기관이 그 시설, 장비, 장소 등에 대하여 실질적으로 지배·운영·관리하는 책임이 있는 경우에 한정한다.

제6조(중대산업재해 사업주와 경영책임자등의 처벌)
① 제4조 또는 제5조를 위반하여 제2조제2호가목의 중대산업재해에 이르게 한 사업주 또는 경영책임자등은 1년 이상의 징역 또는 10억원 이하의 벌금에 처한다. 이 경우 징역과 벌금을 병과할 수 있다.
② 제4조 또는 제5조를 위반하여 제2조제2호나목 또는 다목의 중대산업재해에 이르게 한 사업주 또는 경영책임자등은 7년 이하의 징역 또는 1억원 이하의 벌금에 처한다.
③ 제1항 또는 제2항의 죄로 형을 선고받고 그 형이 확정된 후 5년 이내에 다시 제1항 또는 제2항의 죄를 저지른 자는 각 항에서 정한 형의 2분의 1까지 가중한다.

제7조(중대산업재해의 양벌규정)
법인 또는 기관의 경영책임자등이 그 법인 또는 기관의 업무에 관하여 제6조에 해당하는 위반행위를 하면 그 행위자를 벌하는 외에 그 법인 또는 기관에 다음 각 호의 구분에 따른 벌금형을 과(科)한다. 다만, 법인 또는 기관이 그 위반행위를 방지하기 위하여 해당 업무에 관하여 상당한 주의와 감독을 게을리하지 아니한 경우에는 그러하지 아니하다.
1. 제6조제1항의 경우: 50억원 이하의 벌금
2. 제6조제2항의 경우: 10억원 이하의 벌금

제8조(안전보건교육의 수강)
① 중대산업재해가 발생한 법인 또는 기관의 경영책임자등은 대통령령으로 정하는 바에 따라 안전보건교육을 이수하여야 한다.

② 제1항의 안전보건교육을 정당한 사유 없이 이행하지 아니한 경우에는 5천만원 이하의 과태료를 부과한다.
③ 제2항에 따른 과태료는 대통령령으로 정하는 바에 따라 고용노동부장관이 부과·징수한다.

제3장 중대시민재해

제9조(사업주와 경영책임자등의 안전 및 보건 확보의무)
① 사업주 또는 경영책임자등은 사업주나 법인 또는 기관이 실질적으로 지배·운영·관리하는 사업 또는 사업장에서 생산·제조·판매·유통 중인 원료나 제조물의 설계, 제조, 관리상의 결함으로 인한 그 이용자 또는 그 밖의 사람의 생명, 신체의 안전을 위하여 다음 각 호에 따른 조치를 하여야 한다.
1. 재해예방에 필요한 인력·예산·점검 등 안전보건관리체계의 구축 및 그 이행에 관한 조치
2. 재해 발생 시 재발방지 대책의 수립 및 그 이행에 관한 조치
3. 중앙행정기관·지방자치단체가 관계 법령에 따라 개선, 시정 등을 명한 사항의 이행에 관한 조치
4. 안전·보건 관계 법령에 따른 의무이행에 필요한 관리상의 조치

② 사업주 또는 경영책임자등은 사업주나 법인 또는 기관이 실질적으로 지배·운영·관리하는 공중이용시설 또는 공중교통수단의 설계, 설치, 관리상의 결함으로 인한 그 이용자 또는 그 밖의 사람의 생명, 신체의 안전을 위하여 다음 각 호에 따른 조치를 하여야 한다.
1. 재해예방에 필요한 인력·예산·점검 등 안전보건관리체계의 구축 및 그 이행에 관한 조치
2. 재해 발생 시 재발방지 대책의 수립 및 그 이행에 관한 조치
3. 중앙행정기관·지방자치단체가 관계 법령에 따라 개선, 시정 등을 명한 사항의 이행에 관한 조치
4. 안전·보건 관계 법령에 따른 의무이행에 필요한 관리상의 조치

③ 사업주 또는 경영책임자등은 사업주나 법인 또는 기관이 공중이용시설 또는 공중교통수단과 관련하여 제3자에게 도급, 용역, 위탁 등을 행한 경우에는 그 이용자 또는 그 밖의 사람의 생명, 신체의 안전을 위하여 제2항의 조치를 하여야 한다. 다만, 사업주나 법인 또는 기관이 그 시설, 장비, 장소 등에 대하여 실질적으로 지배·운영·관리하는 책임이 있는 경우에 한정한다.
④ 제1항제1호·제4호 및 제2항제1호·제4호의 조치에 관한 구체적인 사항은 대통령령으로 정한다.

제10조(중대시민재해 사업주와 경영책임자등의 처벌)
① 제9조를 위반하여 제2조제3호가목의 중대시민재해에 이르게 한 사업주 또는 경영책임자등은 1년 이상의 징역 또는 10억원 이하의 벌금에 처한다. 이 경우 징역과 벌금을 병과 할 수 있다.
② 제9조를 위반하여 제2조제3호나목 또는 다목의 중대시민재해에 이르게 한 사업주 또는 경영책임자등은 7년 이하의 징역 또는 1억원 이하의 벌금에 처한다.

제11조(중대시민재해의 양벌규정)
법인 또는 기관의 경영책임자등이 그 법인 또는 기관의 업무에 관하여 제10조에 해당하는 위반행위를 하면 그 행위자를 벌하는 외에 그 법인 또는 기관에게 다음 각 호의 구분에 따른 벌금형을 과(科)한다. 다만, 법인 또는 기관이 그 위반행위를 방지하기 위하여 해당 업무에 관하여 상당한 주의와 감독을 게을리하지 아니한 경우에는 그러하지 아니하다.
1. 제10조제1항의 경우: 50억원 이하의 벌금
2. 제10조제2항의 경우: 10억원 이하의 벌금

CLOSING 중대재해 처벌 등에 관한 법률

제4장 보칙

제12조(형 확정 사실의 통보)
법무부장관은 제6조, 제7조, 제10조 또는 제11조에 따른 범죄의 형이 확정되면 그 범죄사실을 관계 행정기관의 장에게 통보하여야 한다.

제13조(중대산업재해 발생사실 공표)
① 고용노동부장관은 제4조에 따른 의무를 위반하여 발생한 중대산업재해에 대하여 사업장의 명칭, 발생 일시와 장소, 재해의 내용 및 원인 등 그 발생사실을 공표할 수 있다.
② 제1항에 따른 공표의 방법, 기준 및 절차 등은 대통령령으로 정한다.

제14조(심리절차에 관한 특례)
① 이 법 위반 여부에 관한 형사재판에서 법원은 직권으로 「형사소송법」 제294조의2에 따라 피해자 또는 그 법정대리인(피해자가 사망하거나 진술할 수 없는 경우에는 그 배우자·직계친족·형제자매를 포함한다)을 증인으로 신문할 수 있다.
② 이 법 위반 여부에 관한 형사재판에서 법원은 검사, 피고인 또는 변호인의 신청이 있는 경우 특별한 사정이 없으면 해당 분야의 전문가를 전문심리위원으로 지정하여 소송절차에 참여하게 하여야 한다.

제15조(손해배상의 책임)
① 사업주 또는 경영책임자등이 고의 또는 중대한 과실로 이 법에서 정한 의무를 위반하여 중대재해를 발생하게 한 경우 해당 사업주, 법인 또는 기관이 중대재해로 손해를 입은 사람에 대하여 그 손해액의 5배를 넘지 아니하는 범위에서 배상책임을 진다. 다만, 법인 또는 기관이 해당 업무에 관하여 상당한 주의와 감독을 게을리하지 아니한 경우에는 그러하지 아니하다.
② 법원은 제1항의 배상액을 정할 때에는 다음 각 호의 사항을 고려하여야 한다.
1. 고의 또는 중대한 과실의 정도
2. 이 법에서 정한 의무위반행위의 종류 및 내용
3. 이 법에서 정한 의무위반행위로 인하여 발생한 피해의 규모

4. 이 법에서 정한 의무위반행위로 인하여 사업주나 법인 또는 기관이 취득한 경제적 이익
5. 이 법에서 정한 의무위반행위의 기간·횟수 등
6. 사업주나 법인 또는 기관의 재산상태
7. 사업주나 법인 또는 기관의 피해구제 및 재발방지 노력의 정도

제16조(정부의 사업주 등에 대한 지원 및 보고)
① 정부는 중대재해를 예방하여 시민과 종사자의 안전과 건강을 확보하기 위하여 다음 각 호의 사항을 이행하여야 한다.
1. 중대재해의 종합적인 예방대책의 수립·시행과 발생원인 분석
2. 사업주, 법인 및 기관의 안전보건관리체계 구축을 위한 지원
3. 사업주, 법인 및 기관의 중대재해 예방을 위한 기술 지원 및 지도
4. 이 법의 목적 달성을 위한 교육 및 홍보의 시행
② 정부는 사업주, 법인 및 기관에 대하여 유해·위험 시설의 개선과 보호 장비의 구매, 종사자 건강진단 및 관리 등 중대재해 예방사업에 소요되는 비용의 전부 또는 일부를 예산의 범위에서 지원할 수 있다.
③ 정부는 제1항 및 제2항에 따른 중대재해 예방을 위한 조치 이행 등 상황 및 중대재해 예방사업 지원 현황을 반기별로 국회 소관 상임위원회에 보고하여야 한다.
[시행일: 2021. 1. 26.] 제16조

중대재해 처벌 등에 관한 법률 시행령

대통령령 제32020호 신규 제정 2021. 10. 05.

제1장 총칙

제1조(목적)
이 영은 「중대재해 처벌 등에 관한 법률」에서 위임된 사항과 그 시행에 필요한 사항을 규정함을 목적으로 한다.

제2조(직업성 질병자)
「중대재해 처벌 등에 관한 법률」(이하 "법"이라 한다) 제2조제2호다목에서 "대통령령으로 정하는 직업성 질병자"란 별표 1에서 정하는 직업성 질병에 걸린 사람을 말한다.

제3조(공중이용시설)
법 제2조제4호 각 목 외의 부분 본문에서 "대통령령으로 정하는 시설"이란 다음 각 호의 시설을 말한다.
1. 법 제2조제4호가목의 시설 중 별표 2에서 정하는 시설
2. 법 제2조제4호나목의 시설물 중 별표 3에서 정하는 시설물. 다만, 다음 각 목의 건축물은 제외한다.
   가. 주택과 주택 외의 시설을 동일 건축물로 건축한 건축물
   나. 건축물의 주용도가 「건축법 시행령」 별표 1 제14호나목2)의 오피스텔인 건축물
3. 법 제2조제4호다목의 영업장
4. 법 제2조제4호라목의 시설 중 다음 각 목의 시설(제2호의 시설물은 제외한다)
   가. 「도로법」 제10조 각 호의 도로에 설치된 연장 20미터 이상인 도로교량 중 준공 후 10년이 지난 도로교량
   나. 「도로법」 제10조제4호부터 제7호까지에서 정한 지방도·시도·군도·구도의 도로터널과 「농어촌도로 정비법 시행령」 제2조제1호의 터널 중 준공 후 10년이 지난 도로터널
   다. 「철도산업발전기본법」 제3조제2호의 철도시설 중 준공 후 10년이 지난 철도교량
   라. 「철도산업발전기본법」 제3조제2호의 철도시설 중 준공 후 10년이 지난 철도터널(특별시 및 광역시 외의 지역에 있는 철도터널로 한정한다)
   마. 다음의 시설 중 개별 사업장 면적이 2천제곱미터 이상인 시설
      1) 「석유 및 석유대체연료 사업법 시행령」 제2조제3호의 주유소

    2) 「액화석유가스의 안전관리 및 사업법」 제2조제4호의 액화석유가스 충전 사업의 사업소
  바. 「관광진흥법 시행령」 제2조제1항제5호가목의 종합유원시설업의 시설 중 같은 법 제33조제1항에 따른 안전성검사 대상인 유기시설 또는 유기기구

제2장 중대산업재해

제4조(안전보건관리체계의 구축 및 이행 조치)

법 제4조제1항제1호에 따른 조치의 구체적인 사항은 다음 각 호와 같다.
1. 사업 또는 사업장의 안전·보건에 관한 목표와 경영방침을 설정할 것
2. 「산업안전보건법」 제17조부터 제19조까지 및 제22조에 따라 두어야 하는 인력이 총 3명 이상이고 다음 각 목의 어느 하나에 해당하는 사업 또는 사업장인 경우에는 안전·보건에 관한 업무를 총괄·관리하는 전담 조직을 둘 것. 이 경우 나목에 해당하지 않던 건설사업자가 나목에 해당하게 된 경우에는 공시한 연도의 다음 연도 1월 1일까지 해당 조직을 두어야 한다.
  가. 상시근로자 수가 500명 이상인 사업 또는 사업장
  나. 「건설산업기본법」 제8조 및 같은 법 시행령 별표 1에 따른 토목건축공사업에 대해 같은 법 제23조에 따라 평가하여 공시된 시공능력의 순위가 상위 200위 이내인 건설사업자
3. 사업 또는 사업장의 특성에 따른 유해·위험요인을 확인하여 개선하는 업무절차를 마련하고, 해당 업무절차에 따라 유해·위험요인의 확인 및 개선이 이루어지는지를 반기 1회 이상 점검한 후 필요한 조치를 할 것. 다만, 「산업안전보건법」 제36조에 따른 위험성평가를 하는 절차를 마련하고, 그 절차에 따라 위험성 평가를 직접 실시하거나 실시하도록 하여 실시 결과를 보고받은 경우에는 해당 업무절차에 따라 유해·위험요인의 확인 및 개선에 대한 점검을 한 것으로 본다.
4. 다음 각 목의 사항을 이행하는 데 필요한 예산을 편성하고 그 편성된 용도에 맞게 집행하도록 할 것
  가. 재해 예방을 위해 필요한 안전·보건에 관한 인력, 시설 및 장비의 구비
  나. 제3호에서 정한 유해·위험요인의 개선

다. 그 밖에 안전보건관리체계 구축 등을 위해 필요한 사항으로서 고용노동부 장관이 정하여 고시하는 사항
5. 「산업안전보건법」 제15조, 제16조 및 제62조에 따른 안전보건관리책임자, 관리감독자 및 안전보건총괄책임자(이하 이 조에서 "안전보건관리책임자등"이라 한다)가 같은 조에서 규정한 각각의 업무를 각 사업장에서 충실히 수행할 수 있도록 다음 각 목의 조치를 할 것
    가. 안전보건관리책임자등에게 해당 업무 수행에 필요한 권한과 예산을 줄 것
    나. 안전보건관리책임자등이 해당 업무를 충실하게 수행하는지를 평가하는 기준을 마련하고, 그 기준에 따라 반기 1회 이상 평가·관리할 것
6. 「산업안전보건법」 제17조부터 제19조까지 및 제22조에 따라 정해진 수 이상의 안전관리자, 보건관리자, 안전보건관리담당자 및 산업보건의를 배치할 것. 다만, 다른 법령에서 해당 인력의 배치에 대해 달리 정하고 있는 경우에는 그에 따르고, 배치해야 할 인력이 다른 업무를 겸직하는 경우에는 고용노동부장관이 정하여 고시하는 기준에 따라 안전·보건에 관한 업무 수행시간을 보장해야 한다.
7. 사업 또는 사업장의 안전·보건에 관한 사항에 대해 종사자의 의견을 듣는 절차를 마련하고, 그 절차에 따라 의견을 들어 재해 예방에 필요하다고 인정하는 경우에는 그에 대한 개선방안을 마련하여 이행하는지를 반기 1회 이상 점검한 후 필요한 조치를 할 것. 다만, 「산업안전보건법」 제24조에 따른 산업안전보건위원회 및 같은 법 제64조·제75조에 따른 안전 및 보건에 관한 협의체에서 사업 또는 사업장의 안전·보건에 관하여 논의하거나 심의·의결한 경우에는 해당 종사자의 의견을 들은 것으로 본다.
8. 사업 또는 사업장에 중대산업재해가 발생하거나 발생할 급박한 위험이 있을 경우를 대비하여 다음 각 목의 조치에 관한 매뉴얼을 마련하고, 해당 매뉴얼에 따라 조치하는지를 반기 1회 이상 점검할 것
    가. 작업 중지, 근로자 대피, 위험요인 제거 등 대응조치
    나. 중대산업재해를 입은 사람에 대한 구호조치
    다. 추가 피해방지를 위한 조치
9. 제3자에게 업무의 도급, 용역, 위탁 등을 하는 경우에는 종사자의 안전·보건

을 확보하기 위해 다음 각 목의 기준과 절차를 마련하고, 그 기준과 절차에 따라 도급, 용역, 위탁 등이 이루어지는지를 반기 1회 이상 점검할 것
가. 도급, 용역, 위탁 등을 받는 자의 산업재해 예방을 위한 조치 능력과 기술에 관한 평가기준·절차
나. 도급, 용역, 위탁 등을 받는 자의 안전·보건을 위한 관리비용에 관한 기준
다. 건설업 및 조선업의 경우 도급, 용역, 위탁 등을 받는 자의 안전·보건을 위한 공사기간 또는 건조기간에 관한 기준

제5조(안전·보건 관계 법령에 따른 의무이행에 필요한 관리상의 조치)
① 법 제4조제1항제4호에서 "안전·보건 관계 법령"이란 해당 사업 또는 사업장에 적용되는 것으로서 종사자의 안전·보건을 확보하는 데 관련되는 법령을 말한다.
② 법 제4조제1항제4호에 따른 조치에 관한 구체적인 사항은 다음 각 호와 같다.
1. 안전·보건 관계 법령에 따른 의무를 이행했는지를 반기 1회 이상 점검(해당 안전·보건 관계 법령에 따라 중앙행정기관의 장이 지정한 기관 등에 위탁하여 점검하는 경우를 포함한다. 이하 이 호에서 같다)하고, 직접 점검하지 않은 경우에는 점검이 끝난 후 지체 없이 점검 결과를 보고받을 것
2. 제1호에 따른 점검 또는 보고 결과 안전·보건 관계 법령에 따른 의무가 이행되지 않은 사실이 확인되는 경우에는 인력을 배치하거나 예산을 추가로 편성·집행하도록 하는 등 해당 의무 이행에 필요한 조치를 할 것
3. 안전·보건 관계 법령에 따라 의무적으로 실시해야 하는 유해·위험한 작업에 관한 안전·보건에 관한 교육이 실시되었는지를 반기 1회 이상 점검하고, 직접 점검하지 않은 경우에는 점검이 끝난 후 지체 없이 점검 결과를 보고받을 것
4. 제3호에 따른 점검 또는 보고 결과 실시되지 않은 교육에 대해서는 지체 없이 그 이행의 지시, 예산의 확보 등 교육 실시에 필요한 조치를 할 것

제6조(안전보건교육의 실시 등)
① 법 제8조제1항에 따른 안전보건교육(이하 "안전보건교육"이라 한다)은 총 20시간의 범위에서 고용노동부장관이 정하는 바에 따라 이수해야 한다.

② 안전보건교육에는 다음 각 호의 사항이 포함되어야 한다.
1. 안전보건관리체계의 구축 등 안전·보건에 관한 경영 방안
2. 중대산업재해의 원인 분석과 재발 방지 방안
③ 고용노동부장관은 「한국산업안전보건공단법」에 따른 한국산업안전보건공단이나 「산업안전보건법」 제33조에 따라 등록된 안전보건교육기관(이하 "안전보건교육기관등"이라 한다)에 안전보건교육을 의뢰하여 실시할 수 있다.
④ 고용노동부장관은 분기별로 중대산업재해가 발생한 법인 또는 기관을 대상으로 안전보건교육을 이수해야 할 교육대상자를 확정하고 안전보건교육 실시일 30일 전까지 다음 각 호의 사항을 해당 교육대상자에게 통보해야 한다.
1. 안전보건교육을 실시하는 안전보건교육기관등
2. 교육일정
3. 그 밖에 안전보건교육의 실시에 필요한 사항
⑤ 제4항에 따른 통보를 받은 교육대상자는 해당 교육일정에 참여할 수 없는 정당한 사유가 있는 경우에는 안전보건교육 실시일 7일 전까지 고용노동부장관에게 안전보건교육의 연기를 한 번만 요청할 수 있다.
⑥ 고용노동부장관은 제5항에 따른 연기 요청을 받은 날부터 3일 이내에 연기 가능 여부를 교육대상자에게 통보해야 한다.
⑦ 안전보건교육을 연기하는 경우 교육일정 등의 통보에 관하여는 제4항을 준용한다.
⑧ 안전보건교육에 드는 비용은 안전보건교육기관등에서 수강하는 교육대상자가 부담한다.
⑨ 안전보건교육기관등은 안전보건교육을 실시한 경우에는 지체 없이 안전보건교육 이수자 명단을 고용노동부장관에게 통보해야 한다.
⑩ 안전보건교육을 이수한 교육대상자는 필요한 경우 안전보건교육이수확인서를 발급해줄 것을 고용노동부장관에게 요청할 수 있다.
⑪ 제10항에 따른 요청을 받은 고용노동부장관은 고용노동부장관이 정하는 바에 따라 안전보건교육이수확인서를 지체 없이 내주어야 한다.

제7조(과태료의 부과기준)
법 제8조제2항에 따른 과태료의 부과기준은 별표 4와 같다.

제3장
중대시민재해

제8조(원료·제조물 관련 안전보건관리체계의 구축 및 이행 조치)
법 제9조제1항제1호에 따른 조치의 구체적인 사항은 다음 각 호와 같다.
1. 다음 각 목의 사항을 이행하는 데 필요한 인력을 갖추어 중대시민재해 예방을 위한 업무를 수행하도록 할 것
    가. 법 제9조제1항제4호의 안전·보건 관계 법령에 따른 안전·보건 관리 업무의 수행
    나. 유해·위험요인의 점검과 위험징후 발생 시 대응
    다. 그 밖에 원료·제조물 관련 안전·보건 관리를 위해 환경부장관이 정하여 고시하는 사항
2. 다음 각 목의 사항을 이행하는 데 필요한 예산을 편성·집행할 것
    가. 법 제9조제1항제4호의 안전·보건 관계 법령에 따른 인력·시설 및 장비 등의 확보·유지
    나. 유해·위험요인의 점검과 위험징후 발생 시 대응
    다. 그 밖에 원료·제조물 관련 안전·보건 관리를 위해 환경부장관이 정하여 고시하는 사항
3. 별표 5에서 정하는 원료 또는 제조물로 인한 중대시민재해를 예방하기 위해 다음 각 목의 조치를 할 것
    가. 유해·위험요인의 주기적인 점검
    나. 제보나 위험징후의 감지 등을 통해 발견된 유해·위험요인을 확인한 결과 중대시민재해의 발생 우려가 있는 경우의 신고 및 조치
    다. 중대시민재해가 발생한 경우의 보고, 신고 및 조치
    라. 중대시민재해 원인조사에 따른 개선조치
4. 제3호 각 목의 조치를 포함한 업무처리절차의 마련. 다만, 「소상공인기본법」 제2조에 따른 소상공인의 경우는 제외한다.
5. 제1호 및 제2호의 사항을 반기 1회 이상 점검하고, 점검 결과에 따라 인력을 배치하거나 예산을 추가로 편성·집행하도록 하는 등 중대시민재해 예방에 필요한 조치를 할 것

제9조(원료·제조물 관련 안전·보건 관계 법령에 따른 의무이행에 필요한 관리상의 조치)

① 법 제9조제1항제4호에서 "안전·보건 관계 법령"이란 해당 사업 또는 사업장에서 생산·제조·판매·유통 중인 원료나 제조물에 적용되는 것으로서 그 원료나 제조물이 사람의 생명·신체에 미칠 수 있는 유해·위험 요인을 예방하고 안전하게 관리하는 데 관련되는 법령을 말한다.

② 법 제9조제1항제4호에 따른 조치의 구체적인 사항은 다음 각 호와 같다.

1. 안전·보건 관계 법령에 따른 의무를 이행했는지를 반기 1회 이상 점검(해당 안전·보건 관계 법령에 따라 중앙행정기관의 장이 지정한 기관 등에 위탁하여 점검하는 경우를 포함한다. 이하 이 호에서 같다)하고, 직접 점검하지 않은 경우에는 점검이 끝난 후 지체 없이 점검 결과를 보고받을 것
2. 제1호에 따른 점검 또는 보고 결과 안전·보건 관계 법령에 따른 의무가 이행되지 않은 사실이 확인되는 경우에는 인력을 배치하거나 예산을 추가로 편성·집행하도록 하는 등 해당 의무 이행에 필요한 조치를 할 것
3. 안전·보건 관계 법령에 따라 의무적으로 실시해야 하는 교육이 실시되는지를 반기 1회 이상 점검하고, 직접 점검하지 않은 경우에는 점검이 끝난 후 지체 없이 점검 결과를 보고받을 것
4. 제3호에 따른 점검 또는 보고 결과 실시되지 않은 교육에 대해서는 지체 없이 그 이행의 지시, 예산의 확보 등 교육 실시에 필요한 조치를 할 것

제10조(공중이용시설·공중교통수단 관련 안전보건관리체계 구축 및 이행에 관한 조치)

법 제9조제2항제1호에 따른 조치의 구체적인 사항은 다음 각 호와 같다.

1. 다음 각 목의 사항을 이행하는 데 필요한 인력을 갖추어 중대시민재해 예방을 위한 업무를 수행하도록 할 것
   가. 법 제9조제2항제4호의 안전·보건 관계 법령에 따른 안전관리 업무의 수행
   나. 제4호에 따라 수립된 안전계획의 이행
   다. 그 밖에 공중이용시설 또는 공중교통수단과 그 이용자나 그 밖의 사람의 안

전에 관하여 국토교통부장관이 정하여 고시하는 사항
2. 다음 각 목의 사항을 이행하는 데 필요한 예산을 편성·집행할 것
   가. 법 제9조제2항제4호의 안전·보건 관계 법령에 따른 인력·시설 및 장비 등의 확보·유지와 안전점검 등의 실시
   나. 제4호에 따라 수립된 안전계획의 이행
   다. 그 밖에 공중이용시설 또는 공중교통수단과 그 이용자나 그 밖의 사람의 안전에 관하여 국토교통부장관이 정하여 고시하는 사항
3. 공중이용시설 또는 공중교통수단에 대한 법 제9조제2항제4호의 안전·보건 관계 법령에 따른 안전점검 등을 계획하여 수행되도록 할 것
4. 공중이용시설 또는 공중교통수단에 대해 연 1회 이상 다음 각 목의 내용이 포함된 안전계획을 수립하게 하고, 충실히 이행하도록 할 것. 다만, 공중이용시설에 대해 「시설물의 안전 및 유지관리에 관한 특별법」 제6조에 따라 시설물에 대한 안전 및 유지관리계획을 수립·시행하거나 공중이용시설 또는 공중교통수단에 대해 철도운영자가 「철도안전법」 제6조에 따라 연차별 시행계획을 수립·추진하는 경우로서 사업주 또는 경영책임자등이 그 수립 여부 및 내용을 직접 확인하거나 보고받은 경우에는 안전계획을 수립하여 이행한 것으로 본다.
   가. 공중이용시설 또는 공중교통수단의 안전과 유지관리를 위한 인력의 확보에 관한 사항
   나. 공중이용시설의 안전점검 또는 정밀안전진단의 실시와 공중교통수단의 점검·정비(점검·정비에 필요한 장비를 확보하는 것을 포함한다)에 관한 사항
   다. 공중이용시설 또는 공중교통수단의 보수·보강 등 유지관리에 관한 사항
5. 제1호부터 제4호까지에서 규정한 사항을 반기 1회 이상 점검하고, 직접 점검하지 않은 경우에는 점검이 끝난 후 지체 없이 점검 결과를 보고받을 것
6. 제5호에 따른 점검 또는 보고 결과에 따라 인력을 배치하거나 예산을 추가로 편성·집행하도록 하는 등 중대시민재해 예방에 필요한 조치를 할 것
7. 중대시민재해 예방을 위해 다음 각 목의 사항이 포함된 업무처리절차를 마련하여 이행할 것. 다만, 철도운영자가 「철도안전법」 제7조에 따라 비상대응계획을 포함한 철도안전관리체계를 수립하여 시행하거나 항공운송사업자가 「항공

안전법」 제58조제2항에 따라 위기대응계획을 포함한 항공안전관리시스템을 마련하여 운용한 경우로서 사업주 또는 경영책임자등이 그 수립 여부 및 내용을 직접 점검하거나 점검 결과를 보고받은 경우에는 업무처리절차를 마련하여 이행한 것으로 본다.

 가. 공중이용시설 또는 공중교통수단의 유해·위험요인의 확인·점검에 관한 사항
 나. 공중이용시설 또는 공중교통수단의 유해·위험요인을 발견한 경우 해당 사항의 신고·조치요구, 이용 제한, 보수·보강 등 그 개선에 관한 사항
 다. 중대시민재해가 발생한 경우 사상자 등에 대한 긴급구호조치, 공중이용시설 또는 공중교통수단에 대한 긴급안전점검, 위험표지 설치 등 추가 피해방지 조치, 관계 행정기관 등에 대한 신고와 원인조사에 따른 개선조치에 관한 사항
 라. 공중교통수단 또는 「시설물의 안전 및 유지관리에 관한 특별법」 제7조제1호의 제1종시설물에서 비상상황이나 위급상황 발생 시 대피훈련에 관한 사항

8. 제3자에게 공중이용시설 또는 공중교통수단의 운영·관리 업무의 도급, 용역, 위탁 등을 하는 경우 공중이용시설 또는 공중교통수단과 그 이용자나 그 밖의 사람의 안전을 확보하기 위해 다음 각 목에 따른 기준과 절차를 마련하고, 그 기준과 절차에 따라 도급, 용역, 위탁 등이 이루어지는지를 연 1회 이상 점검하고, 직접 점검하지 않은 경우에는 점검이 끝난 후 지체 없이 점검 결과를 보고받을 것

 가. 중대시민재해 예방을 위한 조치능력 및 안전관리능력에 관한 평가기준·절차
 나. 도급, 용역, 위탁 등의 업무 수행 시 중대시민재해 예방을 위해 필요한 비용에 관한 기준

제11조(공중이용시설·공중교통수단 관련 안전·보건 관계 법령에 따른 의무이행에 필요한 관리상의 조치)

① 법 제9조제2항제4호에서 "안전·보건 관계 법령"이란 해당 공중이용시설·공중교통수단에 적용되는 것으로서 이용자나 그 밖의 사람의 안전·보건을 확보하는 데 관련되는 법령을 말한다.

② 법 제9조제2항제4호에 따른 조치의 구체적인 사항은 다음 각 호와 같다.
1. 안전·보건 관계 법령에 따른 의무를 이행했는지를 연 1회 이상 점검(해당 안전·보건 관계 법령에 따라 중앙행정기관의 장이 지정한 기관 등에 위탁하여 점검하는 경우를 포함한다. 이하 이 호에서 같다)하고, 직접 점검하지 않은 경우에는 점검이 끝난 후 지체 없이 점검 결과를 보고받을 것
2. 제1호에 따른 점검 또는 보고 결과 안전·보건 관계 법령에 따른 의무가 이행되지 않은 사실이 확인되는 경우에는 인력을 배치하거나 예산을 추가로 편성·집행하도록 하는 등 해당 의무 이행에 필요한 조치를 할 것
3. 안전·보건 관계 법령에 따라 공중이용시설의 안전을 관리하는 자나 공중교통수단의 시설 및 설비를 정비·점검하는 종사자가 의무적으로 이수해야 하는 교육을 이수했는지를 연 1회 이상 점검하고, 직접 점검하지 않은 경우에는 점검이 끝난 후 지체 없이 점검 결과를 보고받을 것
4. 제3호에 따른 점검 또는 보고 결과 실시되지 않은 교육에 대해서는 지체 없이 그 이행의 지시 등 교육 실시에 필요한 조치를 할 것

제4장 보칙

제12조(중대산업재해 발생사실의 공표)

① 법 제13조제1항에 따른 공표(이하 이 조에서 "공표"라 한다)는 법 제4조에 따른 의무를 위반하여 발생한 중대산업재해로 법 제12조에 따라 범죄의 형이 확정되어 통보된 사업장을 대상으로 한다.
② 공표 내용은 다음 각 호의 사항으로 한다.
1. "중대산업재해 발생사실의 공표"라는 공표의 제목
2. 해당 사업장의 명칭
3. 중대산업재해가 발생한 일시·장소
4. 중대산업재해를 입은 사람의 수
5. 중대산업재해의 내용과 그 원인(사업주 또는 경영책임자등의 위반 사항을 포함한다)
6. 해당 사업장에서 최근 5년 내 중대산업재해의 발생 여부

③ 고용노동부장관은 공표하기 전에 해당 사업장의 사업주 또는 경영책임자등에게 공표하려는 내용을 통지하고 30일 이상의 기간을 정하여 그에 대해 소명자료를 제출하게 하거나 의견을 진술할 수 있는 기회를 주어야 한다.
④ 공표는 관보, 고용노동부나 「한국산업안전보건공단법」에 따른 한국산업안전보건공단의 홈페이지에 게시하는 방법으로 한다.
⑤ 제4항에 따라 홈페이지에 게시하는 방법으로 공표하는 경우 공표 기간은 1년으로 한다.

제13조(조치 등의 이행사항에 관한 서면의 보관)
사업주 또는 경영책임자등(「소상공인기본법」 제2조에 따른 소상공인은 제외한다)은 제4조, 제5조 및 제8조부터 제11조까지의 규정에 따른 조치 등의 이행에 관한 사항을 서면(「전자문서 및 전자거래 기본법」 제2조제1호에 따른 전자문서를 포함한다)으로 작성하여 그 조치 등을 이행한 날부터 5년간 보관해야 한다.
부 칙[2021.10.5 제32020호]
이 영은 2022년 1월 27일부터 시행한다.

[별표1] 직업성 질병(제2조 관련)
[별표2] 법 제2조제4호가목의 시설 중 공중이용시설(제3조제1호 관련)
[별표3] 법 제2조제4호나목의 시설물 중 공중이용시설(제3조제2호 관련)
[별표4] 과태료의 부과기준(제7조 관련)
[별표5] 제8조제3호에 따른 조치 대상 원료 또는 제조물(제8조제3호 관련)

직업성 질병(제2조 관련)

1. 염화비닐·유기주석·메틸브로마이드(bromomethane)·일산화탄소에 노출되어 발생한 중추신경계장해 등의 급성중독
2. 납이나 그 화합물(유기납은 제외한다)에 노출되어 발생한 납 창백(蒼白), 복부 산통(疝痛), 관절통 등의 급성중독
3. 수은이나 그 화합물에 노출되어 발생한 급성중독
4. 크롬이나 그 화합물에 노출되어 발생한 세뇨관 기능 손상, 급성 세뇨관 괴사, 급성신부전 등의 급성중독
5. 벤젠에 노출되어 발생한 경련, 급성 기질성 뇌증후군, 혼수상태 등의 급성중독
6. 톨루엔(toluene)·크실렌(xylene)·스티렌(styrene)·시클로헥산(cyclohexane)·노말헥산(n-hexane)·트리클로로에틸렌(trichloroethylene) 등 유기화합물에 노출되어 발생한 의식장해, 경련, 급성 기질성 뇌증후군, 부정맥 등의 급성중독
7. 이산화질소에 노출되어 발생한 메트헤모글로빈혈증(methemoglobinemia), 청색증(靑色症) 등의 급성중독
8. 황화수소에 노출되어 발생한 의식 소실(消失), 무호흡, 폐부종, 후각신경마비 등의 급성중독
9. 시안화수소나 그 화합물에 노출되어 발생한 급성중독
10. 불화수소·불산에 노출되어 발생한 화학적 화상, 청색증, 폐수종, 부정맥 등의 급성중독
11. 인[백린(白燐), 황린(黃燐) 등 금지물질에 해당하는 동소체(同素體)로 한정한다]이나 그 화합물에 노출되어 발생한 급성중독
12. 카드뮴이나 그 화합물에 노출되어 발생한 급성중독
13. 다음 각 목의 화학적 인자에 노출되어 발생한 급성중독
    가. 「산업안전보건법」 제125조제1항에 따른 작업환경측정 대상 유해인자 중 화학적 인자
    나. 「산업안전보건법」 제130조제1항제1호에 따른 특수건강진단 대상 유해인자 중 화학적 인자
14. 디이소시아네이트(diisocyanate), 염소, 염화수소 또는 염산에 노출되어 발생한 반응성 기도과민증후군
15. 트리클로로에틸렌에 노출(해당 물질에 노출되는 업무에 종사하지 않게 된 후 3개월이 지난 경우는 제외한다)되어 발생한 스티븐스존슨 증후군(stevens-johnson syndrome). 다만, 약물, 감염, 후천성면역결핍증, 악성 종양 등 다른 원인으로 발생한 스티븐스존슨 증후군은 제외한다.
16. 트리클로로에틸렌 또는 디메틸포름아미드(dimethylformamide)에 노출(해당 물질에 노출되는 업무에 종사하지 않게 된 후 3개월이 지난 경우는 제외한다)되어 발생한 독성 간염. 다만, 약물, 알코올, 과체중, 당뇨병 등 다른 원인으로 발생하거나 다른 질병이 원인이 되어 발생한 간염은 제외한다.

CLOSING — 중대재해 처벌 등에 관한 법률 시행령

중대재해 처벌 등에 관한 법률 시행령 [별표 1]

17. 보건의료 종사자에게 발생한 B형 간염, C형 간염, 매독 또는 후천성면역결핍증의 혈액전파성 질병
18. 근로자에게 건강장해를 일으킬 수 있는 습한 상태에서 하는 작업으로 발생한 렙토스피라증(leptospirosis)
19. 동물이나 그 사체, 짐승의 털·가죽, 그 밖의 동물성 물체를 취급하여 발생한 탄저, 단독(erysipelas) 또는 브루셀라증(brucellosis)
20. 오염된 냉각수로 발생한 레지오넬라증(legionellosis)
21. 고기압 또는 저기압에 노출되거나 중추신경계 산소 독성으로 발생한 건강장해, 감압병(잠수병) 또는 공기색전증(기포가 동맥이나 정맥을 따라 순환하다가 혈관을 막는 것)
22. 공기 중 산소농도가 부족한 장소에서 발생한 산소결핍증
23. 전리방사선(물질을 통과할 때 이온화를 일으키는 방사선)에 노출되어 발생한 급성 방사선증 또는 무형성 빈혈
24. 고열작업 또는 폭염에 노출되는 장소에서 하는 작업으로 발생한 심부체온상승을 동반하는 열사병

법 제2조제4호가목의 시설 중 공중이용시설(제3조제1호 관련)

1. 모든 지하역사(출입통로·대합실·승강장 및 환승통로와 이에 딸린 시설을 포함한다)
2. 연면적 2천제곱미터 이상인 지하도상가(지상건물에 딸린 지하층의 시설을 포함한다. 이하 같다). 이 경우 연속되어 있는 둘 이상의 지하도상가의 연면적 합계가 2천 제곱미터 이상인 경우를 포함한다.
3. 철도역사의 시설 중 연면적 2천제곱미터 이상인 대합실
4. 「여객자동차 운수사업법」 제2조제5호의 여객자동차터미널 중 연면적 2천제곱미터 이상인 대합실
5. 「항만법」 제2조제5호의 항만시설 중 연면적 5천제곱미터 이상인 대합실
6. 「공항시설법」 제2조제7호의 공항시설 중 연면적 1천5백제곱미터 이상인 여객터미널
7. 「도서관법」 제2조제1호의 도서관 중 연면적 3천제곱미터 이상인 것
8. 「박물관 및 미술관 진흥법」 제2조제1호 및 제2호의 박물관 및 미술관 중 연면적 3천제곱미터 이상인 것
9. 「의료법」 제3조제2항의 의료기관 중 연면적 2천제곱미터 이상이거나 병상 수 100개 이상인 것
10. 「노인복지법」 제34조제1항제1호의 노인요양시설 중 연면적 1천제곱미터 이상인 것
11. 「영유아보육법」 제2조제3호의 어린이집 중 연면적 430제곱미터 이상인 것
12. 「어린이놀이시설 안전관리법」 제2조제2호의 어린이놀이시설 중 연면적 430제곱미터 이상인 실내 어린이놀이시설
13. 「유통산업발전법」 제2조제3호의 대규모점포. 다만, 「전통시장 및 상점가 육성을 위한 특별법」 제2조제1호의 전통시장은 제외한다.
14. 「장사 등에 관한 법률」 제29조에 따른 장례식장 중 지하에 위치한 시설로서 연면적 1천제곱미터 이상인 것
15. 「전시산업발전법」 제2조제4호의 전시시설 중 옥내시설로서 연면적 2천제곱미터 이상인 것
16. 「건축법」 제2조제2항제14호의 업무시설 중 연면적 3천제곱미터 이상인 것. 다만, 「건축법 시행령」 별표 1 제14호나목2)의 오피스텔은 제외한다.
17. 「건축법」 제2조제2항에 따라 구분된 용도 중 둘 이상의 용도에 사용되는 건축물로서 연면적 2천제곱미터 이상인 것. 다만, 「건축법 시행령」 별표 1 제2호의 공동주택 또는 같은 표 제14호나목2)의 오피스텔이 포함된 경우는 제외한다.
18. 「공연법」 제2조제4호의 공연장 중 객석 수 1천석 이상인 실내 공연장
19. 「체육시설의 설치·이용에 관한 법률」 제2조제1호의 체육시설 중 관람석 수 1천석 이상인 실내 체육시설

※**비고** 둘 이상의 건축물로 이루어진 시설의 연면적은 개별 건축물의 연면적을 모두 합산한 면적으로 한다.

CLOSING 중대재해 처벌 등에 관한 법률 시행령

중대재해 처벌 등에 관한 법률 시행령 [별표 3]

법 제2조제4호나목의 시설물 중 공중이용시설(제3조제2호 관련)

1. 교량	가. 도로교량	1) 상부구조형식이 현수교, 사장교, 아치교 및 트러스교인 교량 2) 최대 경간장 50미터 이상의 교량 3) 연장 100미터 이상의 교량 4) 폭 6미터 이상이고 연장 100미터 이상인 복개구조물
	나. 철도교량	1) 고속철도 교량 2) 도시철도의 교량 및 고가교 3) 상부구조형식이 트러스교 및 아치교인 교량 4) 연장 100미터 이상의 교량
2. 터널	가. 도로터널	1) 연장 1천미터 이상의 터널 2) 3차로 이상의 터널 3) 터널구간이 연장 100미터 이상인 지하차도 4) 고속국도, 일반국도, 특별시도 및 광역시도의 터널 5) 연장 300미터 이상의 지방도, 시도, 군도 및 구도의 터널
	나. 철도터널	1) 고속철도 터널 2) 도시철도 터널 3) 연장 1천미터 이상의 터널 4) 특별시 또는 광역시에 있는 터널
3. 항만	가. 방파제, 파제제(波除堤) 및 호안(護岸)	1) 연장 500미터 이상의 방파제 2) 연장 500미터 이상의 파제제 3) 방파제 기능을 하는 연장 500미터 이상의 호안
	나. 계류시설	1) 1만톤급 이상의 원유부이식 계류시설(부대시설인 해저송유관을 포함한다) 2) 1만톤급 이상의 말뚝구조의 계류시설 3) 1만톤급 이상의 중력식 계류시설
4. 댐		1) 다목적댐, 발전용댐, 홍수전용댐 2) 지방상수도전용댐 3) 총저수용량 1백만톤 이상의 용수전용댐
5. 건축물		1) 고속철도, 도시철도 및 광역철도 역 시설 2) 16층 이상이거나 연면적 3만제곱미터 이상의 건축물 3) 연면적 5천제곱미터 이상(각 용도별 시설의 합계를 말한다)의 문화·집회 시설, 종교시설, 판매시설, 운수시설 중 여객용 시설, 의료시설, 노유자시설, 수련시설, 운동시설, 숙박시설 중 관광숙박시설 및 관광휴게시설
6. 하천	가. 하구둑	1) 하구둑 2) 포용조수량 1천만톤 이상의 방조제
	나. 제방	국가하천의 제방[부속시설인 통관(通管) 및 호안(護岸)을 포함한다]
	다. 보	국가하천에 설치된 다기능 보
7. 상하수도	가. 상수도	1) 광역상수도 2) 공업용수도 3) 지방상수도

중대재해 처벌 등에 관한 법률 시행령 [별표 3]

7. 상하수도	나. 하수도	공공하수처리시설 중 1일 최대처리용량 500톤 이상인 시설
8. 옹벽 및 절토사면(깎기비탈면)		1) 지면으로부터 노출된 높이가 5미터 이상인 부분의 합이 100미터 이상인 옹벽 2) 지면으로부터 연직(鉛直)높이(옹벽이 있는 경우 옹벽 상단으로부터의 높이를 말한다) 30미터 이상을 포함한 절토부(땅깎기를 한 부분을 말한다)로서 단일 수평연장 100미터 이상인 절토사면

※ 비고
1. "도로"란 「도로법」 제10조의 도로를 말한다.
2. 교량의 "최대 경간장"이란 한 경간(徑間)에서 상부구조의 교각과 교각의 중심선 간의 거리를 경간장으로 정의할 때, 교량의 경간장 중에서 최댓값을 말한다. 한 경간 교량에 대해서는 교량 양측 교대의 흉벽 사이를 교량 중심선에 따라 측정한 거리를 말한다.
3. 교량의 "연장"이란 교량 양측 교대의 흉벽 사이를 교량 중심선에 따라 측정한 거리를 말한다.
4. 도로교량의 "복개구조물"이란 하천 등을 복개하여 도로의 용도로 사용하는 모든 구조물을 말한다.
5. 터널 및 지하차도의 "연장"이란 각 본체 구간과 하나의 구조로 연결된 구간을 포함한 거리를 말한다.
6. "방파제, 파제제 및 호안"이란 「항만법」 제2조제5호가목2)의 외곽시설을 말한다.
7. "계류시설"이란 「항만법」 제2조제5호가목4)의 계류시설을 말한다.
8. "댐"이란 「저수지·댐의 안전관리 및 재해예방에 관한 법률」 제2조제1호의 저수지·댐을 말한다.
9. 위 표 제4호의 지방상수도전용댐과 용수전용댐이 위 표 제7호가목의 광역상수도·공업용수도 또는 지방상수도의 수원지시설에 해당하는 경우에는 위 표 제7호의 상수도시설로 본다.
10. 위 표의 건축물에는 그 부대시설인 옹벽과 절토사면을 포함하며, 건축설비, 소방설비, 승강기설비 및 전기설비는 포함하지 않는다.
11. 건축물의 연면적은 지하층을 포함한 동별로 계산한다. 다만, 2동 이상의 건축물이 하나의 구조로 연결된 경우와 둘 이상의 지하도상가가 연속되어 있는 경우에는 연면적의 합계로 한다.
12. 건축물의 층수에는 필로티나 그 밖에 이와 비슷한 구조로 된 층을 포함한다.
13. "건축물"은 「건축법 시행령」 별표 1에서 정한 용도별 분류를 따른다.
14. "운수시설 중 여객용 시설"이란 「건축법 시행령」 별표 1 제8호의 운수시설 중 여객자동차터미널, 일반철도역사, 공항청사, 항만여객터미널을 말한다.
15. "철도 역 시설"이란 「철도의 건설 및 철도시설 유지관리에 관한 법률」 제2조제6호가목의 역 시설(물류시설은 제외한다)을 말한다. 다만, 선하역사(시설이 선로 아래 설치되는 역사를 말한다)의 선로구간은 연속되는 교량시설물에 포함하고, 지하역사의 선로구간은 연속되는 터널시설물에 포함한다.
16. 하천시설물이 행정구역 경계에 있는 경우 상위 행정구역에 위치한 것으로 한다.
17. "포용조수량"이란 최고 만조(滿潮) 시 간척지에 유입될 조수(潮水)의 양을 말한다.
18. "방조제"란 「공유수면 관리 및 매립에 관한 법률」 제37조, 「농어촌정비법」 제2조제6호, 「방조제 관리법」 제2조제1호 및 「산업입지 및 개발에 관한 법률」 제20조제1항에 따라 설치한 방조제를 말한다.
19. 하천의 "통관"이란 제방을 관통하여 설치한 원형 단면의 문짝을 가진 구조물을 말한다.
20. 하천의 "다기능 보"란 용수 확보, 소수력 발전이나 도로(하천을 횡단하는 것으로 한정한다) 등 두 가지 이상의 기능을 갖는 보를 말한다.
21. 위 표 제7호의 상수도의 광역상수도, 공업용수도 및 지방상수도에는 수원지시설, 도수관로·송수관로(터널을 포함한다) 및 취수시설을 포함하고, 정수장, 취수·가압펌프장, 배수지, 배수관로 및 급수시설은 제외한다.

CLOSING 중대재해 처벌 등에 관한 법률 시행령

중대재해 처벌 등에 관한 법률 시행령 [별표 4]

과태료의 부과기준(제7조 관련)

1. 일반기준

가. 위반행위의 횟수에 따른 과태료의 가중된 부과기준은 최근 1년간 같은 위반행위로 과태료 부과처분을 받은 경우에 적용한다. 이 경우 기간의 계산은 위반행위에 대해 과태료 부과처분을 받은 날과 그 처분 후 다시 같은 위반행위를 하여 적발된 날을 기준으로 한다.

나. 가목에 따라 가중된 부과처분을 하는 경우 가중처분의 적용 차수는 그 위반행위 전 부과처분 차수(가목에 따른 기간 내에 과태료 부과처분이 둘 이상 있었던 경우에는 높은 차수를 말한다)의 다음 차수로 한다.

다. 부과권자는 다음의 어느 하나에 해당하는 경우에는 제3호의 개별기준에 따른 과태료(제2호에 따라 과태료 감경기준이 적용되는 사업 또는 사업장의 경우에는 같은 호에 따른 감경기준에 따라 산출한 금액을 말한다)의 2분의 1 범위에서 그 금액을 줄여 부과할 수 있다. 다만, 과태료를 체납하고 있는 위반행위자에 대해서는 그렇지 않다.

  1) 위반행위자가 자연재해·화재 등으로 재산에 현저한 손실을 입었거나 사업여건의 악화로 사업이 중대한 위기에 처하는 등의 사정이 있는 경우
  2) 위반행위가 사소한 부주의나 오류로 인한 것으로 인정되는 경우
  3) 위반행위자가 법 위반상태를 시정하거나 해소하기 위해 노력한 것이 인정되는 경우
  4) 그 밖에 위반행위의 정도, 위반행위의 동기와 그 결과 등을 고려하여 과태료 금액을 줄일 필요가 있다고 인정되는 경우

2. 사업·사업장의 규모나 공사 규모에 따른 과태료 감경기준

상시근로자 수가 50명 미만인 사업 또는 사업장이거나 공사금액이 50억원 미만인 건설공사의 사업 또는 사업장인 경우에는 제3호의 개별기준에도 불구하고 그 과태료의 2분의 1 범위에서 감경할 수 있다.

3. 개별기준

위반행위	근거 법조문	과태료		
		1차 위반	2차 위반	3차 이상 위반
법 제8조제1항을 위반하여 경영책임자등이 안전보건교육을 정당한 사유 없이 이행하지 않은 경우	법 제8조제2항	1천만원	3천만원	5천만원

중대재해 처벌 등에 관한 법률 시행령 [별표 5]

제8조제3호에 따른 조치 대상 원료 또는 제조물(제8조제3호 관련)

1. 「고압가스 안전관리법」 제28조제2항제13호의 독성가스
2. 「농약관리법」 제2조제1호, 제1호의2, 제3호 및 제3호의2의 농약, 천연식물보호제, 원제(原劑) 및 농약활용기자재
3. 「마약류 관리에 관한 법률」 제2조제1호의 마약류
4. 「비료관리법」 제2조제2호 및 제3호의 보통비료 및 부산물비료
5. 「생활화학제품 및 살생물제의 안전관리에 관한 법률」 제3조제7호 및 제8호의 살생물물질 및 살생물제품
6. 「식품위생법」 제2조제1호, 제2호, 제4호 및 제5호의 식품, 식품첨가물, 기구 및 용기·포장
7. 「약사법」 제2조제4호의 의약품, 같은 조 제7호의 의약외품(醫藥外品) 및 같은 법 제85조제1항의 동물용 의약품·의약외품
8. 「원자력안전법」 제2조제5호의 방사성물질
9. 「의료기기법」 제2조제1항의 의료기기
10. 「총포·도검·화약류 등의 안전관리에 관한 법률」 제2조제3항의 화약류
11. 「화학물질관리법」 제2조제7호의 유해화학물질
12. 그 밖에 제1호부터 제11호까지의 규정에 준하는 것으로서 관계 중앙행정기관의 장이 정하여 고시하는 생명·신체에 해로운 원료 또는 제조물

CLOSING
이 책을 만든 스페셜리스트

강세영 변호사

☏ 02-772-4512
✉ seyoung.kang@leeko.com

주요 업무 분야
산업안전·중대재해, 인사·노무, 인사·노무 소송, 환경, 기업자문, 기업인수합병, 형사(재판)

약력
2009	연세대학교 화학공학과 학사
2012	건국대학교 법학전문대학원 석사
	제1회 변호사시험 합격
2019	KAIST 미래전략대학원(MIP) 석사(경영학)
2020	미국 UCLA 법학전문대학원 법학 석사
2012~2013	수원지방법원 재판연구원
2013~2014	서울고등법원 재판연구원
2014~현재	법무법인(유) 광장(Lee & Ko)
2022~현재	서울지방변호사회 중대재해처벌법 대응 TF 자문위원

김민석 변호사

☏ 02-6386-0766
✉ minseok.kim@leeko.com

주요 업무 분야
산업안전·중대재해, 에너지·자원, 환경, ESG

약력
2017	서울대학교 경제학 학사
2020	연세대학교 법학전문대학원 석사
2020	제9회 변호사시험 합격
2020~2021	법무법인(유) 동인
2021~현재	법무법인(유) 광장(Lee & Ko)

김상민 변호사

☏ 02-772-5954
✉ sangmin.kim2@leeko.com

주요 업무 분야
산업안전·중대재해, 에너지·자원, 환경, ESG

약력
2012	서울대학교 법학과 학사
2015	서울대학교 법학전문대학원
	제4회 변호사시험 합격
2015~2018	삼성전자 주식회사 해외법무팀
2018~현재	법무법인(유) 광장(Lee & Ko)
2022	미국 스탠퍼드 로스쿨 법학 석사

김윤승 변호사

☏ 02-6386-7909
✉ yunsung.kim@leeko.com

주요 업무 분야
산업안전·중대재해, 에너지·자원, 환경, ESG

약력
1996	한국과학기술원(KAIST) 건설 및 환경공학 학사
1998	한국과학기술원(KAIST) 건설 및 환경공학 석사
2005	미국 매사추세츠 공과대학교 지질 및 지반환경공학 박사
2019	이화여자대학교 법학전문대학원 제8회 변호사시험 합격
2005~2010	GZA GeoEnvironmental, Inc. 테크니컬 스페셜리스트
2011~2016	한국환경정책·평가연구원 부연구위원
2019~현재	법무법인(유) 광장(Lee & Ko)
2022~현재	환경부 중앙환경정책위원회 위원

SPECIALIST

김지영 변호사

- 02-6386-7807
- jiyoung.kim@leeko.com

주요 업무 분야
산업안전·중대재해, 에너지·자원, 환경, ESG, 기업자문, 일본, 외국인투자, 해외투자

약력
- 2016   성균관대학교 글로벌리더학부 정책학 학사
- 2019   성균관대학교 법학전문대학원
          제8회 변호사시험 합격
- 2019~현재 법무법인(유) 광장(Lee & Ko)

박설빈 변호사

- 02-6386-0767
- seulbin.park@leeko.com

주요 업무 분야
산업안전·중대재해, 에너지·자원, 환경, ESG

약력
- 2013   미국 UCLA 대학교 언어학 학사
- 2020   이화여자대학교 법학전문대학원
- 2020   제9회 변호사시험 합격
- 2021~현재 법무법인(유) 광장(Lee & Ko)

박세경 변호사

- 02-6386-0897
- sekyung.park@leeko.com

주요 업무 분야
산업안전·중대재해, 에너지·자원, 환경, ESG, 인사·노무, 인사·노무 소송

약력
- 2017   고려대학교 행정학, 경제학 학사
- 2021   제10회 변호사시험 합격
          고려대학교 법학전문대학원
- 2021~2022 법무법인(유) 지평
- 2022~현재 법무법인(유) 광장(Lee & Ko)

신인재 수석전문위원

- 02-6386-7984
- Injae.shin@leeko.com

주요 업무 분야
산업안전·중대재해, ESG

약력
- 1987   건국대학교 기계공학 학사
- 2009   영국 배스 대학교 공학 박사(산업안전)
- 1988~2009 노동부 근로감독관, 산업안전과장
- 2009~2013 산업안전국 기술서기관
- 2013~2014 서울지방고용노동청 산재예방지도과장
- 2014~2016 대전지방고용노동청 보령지청장(부이사관)
- 2017~2020 산업안전보건공단 산업안전보건교육원 원장
- 2021~현재 법무법인(유) 광장(Lee & Ko)

CLOSING 이 책을 만든 스페셜리스트

배재덕 변호사

☏ 02-772-5960
✉ jaedeog.bae@leeko.com

주요 업무 분야
형사(수사), 형사(재판), 산업안전·중대재해, 금융, 조세형사, 증권, 지식재산권 소송·심판, 헬스케어, 환경, ESG

약력

1992	부산대학교 법학과
1994	부산대학교 대학원
	제36회 사법시험 합격
1997	제26기 사법연수원 수료
	서울지방검찰청 동부지청 검사
1999	창원지방검찰청 진주지청 검사
2001	부산지방검찰청 동부지청 검사
2003	대구지검 검사
2005	법무부 보호과 검사
2007~2009	서울중앙지방검찰청 특수1부, 형사2부 검사
2009	수원지방검찰청 특수부 부부장검사
2010	수원지방검찰청 여주지청 부장검사
2011	광주지방검찰청 장흥지청장
2012	대구지방검찰청 강력부장검사
2013	대검찰청 형사1과장
2014~현재	법무법인(유) 광장(Lee & Ko)

설동근 변호사

☏ 02-772-4881
✉ tongkeun.seol@leeko.com

주요 업무 분야
산업안전·중대재해, 에너지·자원, 환경, ESG, 인사·노무, 인사·노무소송, 행정소송(심판), 기업인수합병

약력

1993	고려대학교 법과대학 학사
1998	제40회 사법시험 합격
1999	고려대학교 법과대학원 석사과정 수료
2001	제30기 사법연수원 수료
2008	계명대학교 대학원 환경과학과 석사과정 수료(기후온난화대비특성화대학원)
2009~2022	서울지방변호사 환경보전특별위원회 간사
2012~2017	환경부 고문변호사
2012~2018	서울특별시 환경분쟁조정위원회 조정위원
2012~2020	서울특별시 지속가능발전위원회 위원
2016~2018	환경부 보통징계위원
2008~현재	(사)한국신재생에너지협회 고문변호사
2010~현재	법무법인(유) 광장(Lee & Ko)
	(사)에너지나눔과평화 이사
2012~현재	(재)서울그린트러스트 이사
2014~현재	서울지방변호사회 환경커뮤니티 간사
2016~현재	서초구 환경정책위원회 자문위원
	국가농림기상센터 감사
2018~현재	한국환경법학회 섭외이사
	(사)에너지시민연대 감사
2020~현재	서울특별시 녹색서울시민위원회 위원
2022~현재	서울지방변호사회 환경보전특별위원회 위원장

정원진 변호사

① 02-772-5923
ⓔ wonjin.jung@leeko.com

주요 업무 분야
분쟁해결, 산업안전·중대재해, 형사(재판), 건설·부동산 소송, 행정소송(심판), 환경, ESG, 가사소송

약력
1992	서울대학교 법과대학 학사
1994	서울대학교 법과대학원(행정법) 수료
1995	제37회 사법시험 합격
1998	제27기 사법연수원 수료
1998~2000	서울남부지방법원 판사
2000~2002	서울중앙지방법원 판사
2002~2004	춘천지방법원 판사
2004~2008	법무법인 두우
2008~현재	(주)위즈정보기술 사외이사
2009~2011	법무법인(유한) 우면 변호사/수도권매립지공사 전문위원
2011~2013	법무법인 처음 변호사
2013~현재	법무법인(유) 광장(Lee & Ko)
2022	한국마사회 임원문책 심의위원회 위원
2021~현재	(주)인핸스드바이오 사외이사 / (주)탑머티리얼 사외이사 / 압구정 신현대아파트 재건축조합 이사
2022~현재	한국전력공사 산업안전 전문변호사 선정 서울지방변호사회 ESG 특별위원회 자문위원 서울지방변호사회 중대재해처벌법 대응 TF 위원장

장한결 변호사

① 02-6386-7872
ⓔ hankyeol.jang@leeko.com

주요 업무 분야
산업안전·중대재해, 에너지·자원, 환경, ESG, 형사(재판), 형사(수사), 행정소송(심판)

약력
2015	서울대학교 법학 학사
2018	서울대학교 법학전문대학원 제7회 변호사시험 합격
2018~2019	법무법인(유한) 동인
2019~현재	법무법인(유) 광장(Lee & Ko)

조혜인 변호사

① 02-6386-6319
ⓔ haein.cho@leeko.com

주요 업무 분야
산업안전·중대재해, 에너지·자원, 금융, 환경, ESG

약력
2015	서울대학교 법학전문대학원 제4회 변호사시험 합격
2015~2017	법무법인 양현(KC&L)
2017~현재	법무법인(유) 광장(Lee & Ko)
2021	서울대학교 법과대학 박사과정 수료

광장 변호사들이 사고 사례로 분석한
실전 중대재해처벌법

펴낸 날	초판 1쇄 발행 2023년 2월 20일
발행인	김정호
편집인	유근석
펴낸 곳	한국경제신문
기획 총괄	이관우·최진석
편집·제작 총괄	이선정
편집	이진이·강은영·윤제나·이다희
글	강세영·김민석·김상민·김윤승·김지영·박설빈· 박세경·배재덕·설동근·신인재·장한결·정원진·조혜인
디자인	박명규·송영·표자영·김민준·배자영
판매·유통	정갑철·선상헌·조종현
인쇄	제이엠프린팅
등록	제 2006-000008호
주소	서울시 중구 청파로 463 한국경제신문
구입문의	02-360-4859
홈페이지	www.hankyung.com

값 20,000원
ISBN | 979-11-92522-37-1(93320)

- 잘못 만들어진 책은 구입하신 곳에서 교환해드립니다.
- 이 책은 저작권법에 따라 보호받는 저작물이므로 무단 전재와 복제를 금합니다.

한경무크
베스트셀러
시리즈

평판 위기 넘는 법

돈과 명예를 지키는
평판 관리 노하우

해외 진출 성공 전략

비즈니스맨을 위한
해외 진출 가이드 총정리

부동산 절세법

연령대별로 정리한
부동산 세테크 노하우

2023 산업대전망

복합위기를 대비하라!
대전환 시대의 생존 전략서

돈 되는 해외 ETF

한눈에 비교하는
최고 전문가 추천 해외 ETF

직장 내 괴롭힘 금지법

노무사들이 쉽게 풀어 쓴
직장 내 괴롭힘 대응법

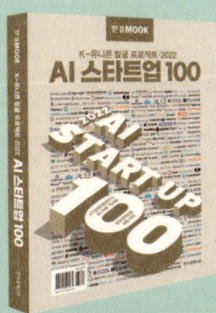

AI 스타트업 100

한 권에 담은
유망 AI 스타트업

가상자산 A to Z

깜깜이 투자는 이제 그만!
가상자산 투자 가이드북

ESG 2.0

달라진 비즈니스 모델
최신 ESG 이슈 집중 분석!

프리즈 서울 2022

세계 3대 아트페어
'프리즈'의 모든 것

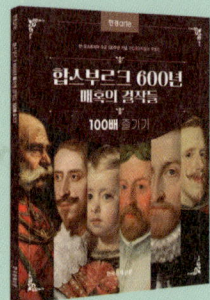

합스부르크 600년 매혹의 걸작들

전시회 가기 전 필독!
눈으로 읽는 도슨트

인생 리뉴얼 ABC

4060 직장인을 위한
은퇴 준비 바이블

실버타운 올가이드

인기 유튜버 '공빠TV'의 첫 책
살고싶은 실버타운

궁금한 상속·증여

2022년 상속·증여세
개정 법령 완벽 반영!

슬기로운 주식생활

기초부터 다지는
내 아이 투자왕 만들기

메타버스 2022

단숨에 읽는
메타버스 트렌드북

CES 2023

이 한 권에 다 담았다!
CES 2023 모든 것